SAINT FRANÇOIS RÉGIS.

MISSION
DES
APÔTRES.

VIE ET MIRACLES

DE

SAINT J.-F. RÉGIS

Apôtre du Velay, du Vivarais et des Cévennes,

OU

LE LIVRE DU PÉLERIN

AU TOMBEAU DU SAINT,

Par un Père de la Compagnie de Jésus.

LIBRAIRIE DES BONS LIVRES.

LIMOGES	PARIS
Chez Martial Ardant Frères,	Chez Martial Ardant Frères,
rue des Taules.	quai des Augustins, 25.

1855

Sur le rapport qui nous a été fait par trois théologiens chargés d'examiner l'ouvrage intitulé : *Le Livre du Pélerin au Tombeau de S. J.-F. Régis* , nous approuvons l'impression dudit ouvrage et en conseillons la lecture aux fidèles.

A Lyon , le 15 mars 1847.

✝ L.-J.-M. CARD. DE BONALD,
Arch. de Lyon.

———— ⋈ ————

Nous approuvons la publication de l'ouvrage intitulé : *Le Livre du Pélerin au Tombeau de S. J.-F. Régis* , etc., et nous en recommandons la lecture à ceux de nos diocésains qui désirent faire avec fruit le pélerinage de la Louvesc.

A Viviers , le 30 mars 1847.

✝ J. HIPPOLYTE ,
Evêque de Viviers.

AVIS DE L'AUTEUR.

La dévotion au tombeau de saint Jean-François Régis, loin de décroître, a pris depuis quelques années une extension nouvelle; des personnes de tout rang et de pays divers la pratiquent avec autant de fruit pour elles-mêmes que d'édification pour les autres : le nombre des pélerins s'élève annuellement aux environs de quatre-vingt mille. Il nous paraît utile de leur offrir un manuel plus spécial et plus complet que ceux que nous connaissons. C'est la seule intention qui a inspiré et dirigé les nouveaux éditeurs; pour juger s'ils ont répondu à vos vœux et à vos besoins, pieux lecteurs, *prenez et lisez.*

AVIS AUX PÉLERINS.

L'itinéraire des principales villes de France à la Louvesc est assez connu ; l'ouverture de trois belles routes par Annonay, Tournon, Yssengeaux, et l'établissement de voitures publiques ont avantageusement multiplié les moyens de communication ; mais il est utile peut-être de prévenir les voyageurs qui veulent arriver par Annonay, en prenant les vapeurs du Rhône, qu'il existe une course régulière d'*omnibus* du débarcadère de Serrières à Annonay, et que les moyens de transport par cette voie sont les plus nombreux et les plus faciles.

La recommandation principale qui peut être adressée à tous, c'est de sanctifier le voyage, ses peines et ses plaisirs, par la prière et la lecture, et de choisir à la Louvesc, aussitôt qu'on est arrivé, un gîte honnête et convenable.

∞∞∞∞∞∞∞∞∞∞∞∞∞∞∞∞∞∞∞∞∞∞∞∞∞∞∞

PRÉCIS DE L'HISTOIRE

DE

SAINT J.-F. RÉGIS

EXTRAIT

de la Belle Histoire de la C. de Jésus, par Crétineau-Joly,

ET DES MONUMENTS PUBLICS.

Saint Ignace de Loyola et ses successeurs avaient senti que, pour restaurer le catholicisme et rendre aux mœurs leur ancienne pureté, il fallait parler au cœur et à l'imagination des masses; ils organisèrent des missions en Italie et en Espagne. Henri IV approuva le plan que le P. Coton lui soumit pour la France. Bientôt les jésuites français purent, sous son règne, ainsi que sous le ministère de Richelieu, instruire le peuple et rétablir dans les provinces, parmi les classes moyennes, cette foi si resplendissante de pudeur et de probité contre laquelle les dépravations de la régence, les scandales de la philosophie voltairienne et les saturnales de la révolution de 1793 ont été presque impuissantes dans leurs efforts de destruction.

Les jésuites avaient pris l'initiative ; ils trouvèrent de glorieux imitateurs dans des hommes animés de la pensée catholique. Pierre de Bérule et Vincent de Paul, François de Sales et Eudes de Mézerai, Condren et Abelly, Fourier et le pauvre Prêtre, le Nobletz et Olier ; plus tard, Bossuet et Fénélon, firent descendre les torrents de leur éloquence sur les campagnes. Les pères Gonthier, Séguiran, Jean de Bordes, Guillaume Bailly, Jean Rigoleu, Pierre Médaille, Julien Maunoir, de la Compagnie de Jésus, donnaient et recevaient l'exemple. Mais celui qui, à cette époque, réalisa le plus de grandes choses dans les missions, fut sans contredit le père François Régis, que l'Eglise reconnaissante a placé au nombre des saints.

Le père Jean-François RÉGIS, né le 31 janvier 1597, à Froncouverte, dans l'ancien diocèse de Narbonne, à six lieues ouest de cette ville, s'était senti appelé dès sa jeunesse à cet apostolat de régénération qu'il commença à exercer au milieu de ses condisciples, dont il reçut le beau surnom de *Saint du collége*. Allié aux familles de Ségur et de Plas, doué de dispositions heureuses cultivées par une éducation complète et bien suivie, il pouvait aspirer aux honneurs; il n'ambitionna, après avoir étudié sa vocation, que l'humilité, la pauvreté et les œuvres de zèle de la Compagnie de Jésus. Il entra dans le noviciat de Toulouse, où il se forma à une piété solide sous la direction du père Lacase; et lorsque son noviciat fut achevé avec son cours de hautes études et de régence, il se dévoua à évangéliser les campagnes et à se faire l'ami des pauvres.

Régis savait que, pour faire pénétrer

l'Evangile dans les masses et déraciner les préjugés et les vices, l'art de l'orateur consiste surtout dans une vie exemplaire, une charité de toutes les heures, une simplicité où la science se cache sous d'humbles dehors. Il se destinait aux pauvres et aux ignorants ; il sut rabaisser son intelligence pour relever devant Dieu ses grossiers auditeurs. Ce fut au commencement de l'été de l'an 1631 que Régis entra dans la carrière apostolique. La ville de Montpellier fut le premier théâtre de son zèle. Il s'attacha d'abord à l'instruction des enfants, et puis à celle du peuple, qu'il catéchisait en apôtre les dimanches et les fêtes dans l'église du collége. Après l'exposition claire et précise de la vérité chrétienne qu'il avait prise pour sujet d'instruction, il en tirait des conséquences morales et pratiques sur lesquelles il insistait fortement : il finissait par des mouvements vifs et tendres, toujours proportionnés à la portée de ses auditeurs, et appropriés au sujet qu'il traitait. Les personnes les plus qualifiées couraient à ses sermons comme le peuple, et tous en sortaient pénétrés des sentiments d'une vive componction.

A la fin de l'hiver de 1632, le nouvel apôtre évangélisa la petite cité de Sommières dans le Gard. Il n'avait pas seulement à combattre des passions, l'hérésie dominait au milieu de ces riches contrées; le père François entreprit de la vaincre et de réchauffer le zèle des catholiques. Il se créa une arme de son humilité; il se résigna à toutes les misères, à tous les affronts; il fut le serviteur de l'indigent, le trésorier du pauvre, le médecin du malade, le frère de tous ceux qui souffraient. Il commença à suivre le régime austère qu'il s'était prescrit; sa nourriture ordinaire était le pain et l'eau, auxquels il ajoutait quelquefois du lait et des fruits; déjà il s'était interdit l'usage de la viande, du poisson, des œufs et du vin. Jamais il ne quittait le cilice, et le peu de repos qu'il accordait à la nature, il le prenait assis sur un banc ou couché sur le plancher. Cette vie pénitente, ce dévouement continu, cette éloquence pleine d'entraînement, durent produire une vive impression sur le cœur si chaud des méridionaux ; ses travaux, en effet, furent couronnés des plus heureux succès.

Quand l'apôtre de J.-C. eut soumis à la religion les contrées qui avoisinent Nismes et Montpellier, Louis de La Baume de Suse, évêque de Viviers, l'appela dans son diocèse, et le demanda à ses supérieurs. En 1633, le père François se rend à la prière du prélat, et il trouve un diocèse où il ne restait presque plus trace de catholicisme ; les guerres civiles avaient détruit les églises, l'hérésie et la débauche avaient corrompu les âmes. Régis dévoue le reste de sa vie au salut de ce peuple, et voici la traduction de la lettre qu'il écrivit en latin au R. P. Mutio Vitelleschi, son supérieur, général à Rome, pour en obtenir la permission :

« Je sais que votre paternité a grande-
» ment à cœur ce que je viens solliciter
» dans cette lettre avec les vœux les plus
» ardents : mon unique désir est donc qu'il
» me soit permis d'aller de village en vil-
» lage, avec un frère, et de consacrer ainsi

» ce qui me reste de vie au salut des habi-
» tants de la campagne. Il est réellement
» impossible de donner une juste idée
» des fruits que produisent ces sortes de
» missions, et je n'y croirais pas, si je ne
» les avais moi-même recueillis, quoique
» rarement, à ma grande douleur. Qu'il
» me soit donc permis de le faire, je vous
» en conjure au nom de Dieu, au moins
» durant cinq à six mois chaque année. Je
» ne désespère pas d'obtenir cette mission
» pour celle du Canada qui m'a été refusée;
» au contraire, j'ai la ferme confiance que
» je l'obtiendrai de votre très révérende
» paternité, dont, etc. »

Sa supplique fut agréée, et l'apôtre du
Vivarais et du Velay n'avait pas attendu la
réponse pour reprendre le cours de ses
travaux; et de mission en mission, de
bourgade en bourgade, il parcourt ce pays
dévasté. Il a de rudes combats, de terribles
épreuves à soutenir; on l'outrage dans la
chaire, on le calomnie dans le monde, on
cherche par tous les moyens à entraver son
action, Régis demeure inébranlable. Les

fatigues, les dangers de ce pélerinage ora-
toire, les soins de sa charité, les vices qu'il
doit vaincre, les obstacles qu'il rencontre,
rien ne l'effraye, rien ne peut abattre son
courage. Mais déjà ce n'est plus un homme
qui s'adresse aux autres hommes ; les populations témoins de ses prodiges le révèrent
comme un saint ; elles s'attachent à ses pas,
elles l'écoutent avec recueillement, elles
acceptent avec joie ses leçons et ses conseils. Le clergé lui-même s'ébranle aux
accents de cette voix à qui toutes les vertus
prêtent une autorité surnaturelle.

Les importantes missions du Vivarais
n'absorbaient pas la vie tout entière du
zélé missionnaire, elles n'occupaient pas
tous ses loisirs ; moins encore rassasiaient-
elles sa soif insatiable du salut des âmes
et de la conversion des pécheurs. Le Velay
fut le théâtre le plus vaste et le plus glorieux
de son ministère, et le Puy le centre prin-
cipal de ses opérations. Les quatre dernières années de sa vie en particulier furen
consacrées à la sanctification de ce peuple
l'été à la ville, et l'hiver dans les campa

gnes. Just de Serres, alors évêque de ce
diocèse, distingué par son érudition, sa
prudence, son zèle pour la conservation
de la foi de nos pères, lui témoigna une
confiance singulière, lui promit de le soutenir de son autorité, lui donna par avance
tous ses pouvoirs, et se servit utilement de
ses conseils pour réformer des abus qui,
sous le manteau de l'hérésie, s'étaient glis-
sés dans le troupeau et jusque chez les
pasteurs. Pierre Le Blanc, grand vicaire de
l'évêque, fut aussi l'ami particulier et le
protecteur constant et toujours ferme de
Régis.

Le pieux missionnaire débuta dans la
ville du Puy par ce genre d'instructions fa-
milières qu'on nomme conférences ; la simplicité de l'expression laissait apercevoir
toute la solidité de sa doctrine, et faisait
pénétrer dans tous les cœurs l'onction de
sa parole. On lui rendait publiquement ce
témoignage qu'il prêchait Jésus-Christ et
la parole de Dieu, et s'oubliait entièrement
lui-même. L'auditoire devint si nombreux
qu'il s'élevait pour l'ordinaire de quatre à

cinq mille personnes. Le prédicateur fut obligé de changer d'église, et de se transporter de celle des Jésuites à celle des Bénédictins. Aussi produisit-il dans les âmes des fruits merveilleux, et prépara-t-il l'établissement des œuvres de charité qu'il exécuta bientôt après.

Entre ces œuvres nous remarquons une association de dames qui avait pour objet de distribuer des secours à domicile; une seconde association qui se dévouait à l'assistance des prisonniers. Il trouva dans sa charité féconde des ressources pour venir au secours de tous les genres d'infortune. L'entreprise qui essuya le plus de contradictions, qui attira à son auteur le plus de désagréments, qui lui créa des peines en proportion des consolations qu'il devait en recueillir, et pour le succès de laquelle il exposa souvent sa vie aux ressentiments vindicatifs des hommes voluptueux, fut la maison de Saint-Michel, où il donna asile aux pécheresses pénitentes. La direction de cette œuvre intéressante, et aujourd'hui indispensable dans les grandes villes, est confiée aux mains habiles des religieuses du Bon-Pasteur d'Angers. Il fut un promoteur ardent et éclairé des confréries de pénitents si nombreuses, si florissantes pendant deux siècles dans les provinces méridionales de la France ; monument vivant de la foi et de la piété des peuples envers l'adorable Sacrement de nos autels, lorsque le calvinisme s'efforçait, par de sacriléges profanations, d'en abolir la croyance et le culte.

C'est lui qui introduisit dans la ville du Puy la fabrication des dentelles sur carreaux ; il bannit ainsi de la classe ouvrière du sexe l'oisiveté et l'indigence, et ouvrit pour tous une source d'aisance et de prospérité que l'invention de machines nouvelles a tarie sans la remplacer.

Toutes ces œuvres dans le détail auraient suffi pour occuper plusieurs personnes actives et assidues; elles ne retenaient Régis au Puy et ne l'occupaient que pendant la belle saison. Dans la mauvaise il retournait à ses missions de la campagne, il parcourait surtout les bourgs et les villages des montagnes, et il y trouvait les mêmes vices à combattre, les mêmes désordres à réparer que dans le Vivarais ; car l'hérésie avait aussi pénétré dans ces contrées, et y avait laissé les mêmes traces de son séjour. Entre ses plus célèbres missions les historiens nomment Fay, où il guérit de la cécité un fils du docteur Hugues Sourdon, et où, selon la déposition juridique de ce témoin oculaire, après avoir travaillé avec une ardeur infatigable au salut des habitants de Fay, il se donna tout entier à celui des peuples voisins ; et malgré la pluie, la neige et les autres intempéries de la saison, il allait, à pied et à jeun, tout le jour, de chaumière en chaumière, et ne revenait qu'à la nuit pour se délasser des travaux du jour par de nouveaux travaux. Les calvinistes le suivaient avec autant d'empressement que les catholiques. Le comte du Fay de La Tour-Maubourg lui a rendu le même témoignage dans les actes de sa canonisation.

A Marlhes, où il donnait la mission pour la seconde fois, il fut lui-même instantanément guéri, pendant qu'il confessait, de la fracture d'une jambe qu'il s'était cassée en venant; il guérit aussi par une seule bénédiction, en présence du curé qui l'a attesté dans sa déposition, un paysan qui s'était démis l'épaule; et encore par le signe de la croix il délivra un possédé qui souffrait depuis huit ans, sans avoir reçu aucun soulagement des exorcismes ordinaires de l'Eglise. A ses immenses travaux il ajoutait des macérations si étonnantes, que le recteur du Puy, son supérieur, crut devoir le soumettre, pour sa santé, à la discrétion du curé de Marlhes.

La moisson ne fut nulle part plus abondante qu'à Montregard, où il retira de l'erreur un grand nombre de calvinistes, et en particulier Louise de Romesin, jeune veuve de vingt-deux ans, distinguée par sa naissance, son savoir et les autres avantages humains. Le saint missionnaire éclaircit ses difficultés sur les points controversés, dissipa ses préjugés, et l'amena à faire abjuration de l'hérésie.

La mission de Montfaucon, au mois de

janvier de l'an 1640, se distingua des autres par un incident nouveau ; elle répon-
dait par le succès au zèle et aux désirs du
saint, lorsqu'elle fut interrompue par l'in-
vasion de la peste. Régis se dévoua au
service des pestiférés ; sa charité ranima
celle des autres prêtres ; mais le curé de
Montfaucon craignant qu'il ne devînt, comme
plusieurs autres ecclésiastiques, victime de
sa charité, et que la perte d'une vie si
précieuse ne lui fût imputée, lui ordonn'
de se retirer. Régis obéit, en exhalant ave
larmes sa douleur en ces termes : « E
quoi ! on est donc jaloux de mon bonheur
Faut-il que l'on me prive, par une faus
compassion, du mérite d'une mort aus
précieuse, et que l'on m'enlève la couron
lorsque je suis sur le point de la recevoir
Ayez bon courage, dit-il aux habitan
désolés, bientôt vous verrez cesser le fléa
terrible que vous afflige. » Il disait vrai
trois jours après il vint sur une hauteur d'o
il découvrait Montfaucon, il donna
bénédiction à la ville, et à l'instant la pes
cessa, et ceux qui en étaient déjà attein

furent guéris en peu de jours. Il reprit aussitôt qu'il lui fut permis les travaux de sa chère mission ; les habitants le regardaient et le reçurent comme leur libérateur; mais les ordres de son supérieur le rappelèrent bientôt au Puy, et l'y retinrent jusqu'à la mauvaise saison.

Il courait à de nouveaux travaux, à de nouveaux succès ; il allait ouvrir une mission à la Louvesc, lorsque, le 23 décembre 1640, il succomba à la peine, épuisé de fatigues.

Il était parti du Puy le 22 décembre, afin de se trouver à la Louvesc pour la veille de Noël. Il eut beaucoup à souffrir de la difficulté des chemins, car il ne faut pas juger des voies de communication qui existaient alors par les belles routes qu'on a ouvertes depuis, et qui rendent si faciles les accès de la Louvesc. Le saint s'égara le second jour et passa la nuit dans une masure abandonnée, ouverte de tous côtés, où il fut couché sur la terre et exposé à la violence d'une bise très piquante. Il y était entré baigné de sueur, il fut saisi d'une

pleurésie accompagnée de fièvre et de douleurs très vives, et il s'estima heureux de
pouvoir imiter, dans cette masure qui lui
rappelait l'étable de Bethléem, la pauvreté
et les souffrances de son divin maître nais-
sant. Le lendemain matin il gagna la Louvesc avec beaucoup de peine; il fit l'ouverture de la mission par un discours qui ne se
ressentait nullement de la faiblesse de son
corps; il prêcha trois fois le jour de Noël,
trois fois le jour de saint ETIENNE, passa
le reste du temps au confessionnal; mais
deux défaillances qu'il eut le même jour
l'obligèrent de s'aliter, et il reçut les derniers sacrements en saint tout embrasé de
l'amour de Dieu.

Il souffrait beaucoup; mais la vue du
crucifix qu'il tenait entre ses mains, et qu'il
baisait continuellement, adoucissait ses
souffrances; son visage fut toujours tran-
quille, et l'on n'entendait sortir de sa bouche
que des aspirations tendres, des soupirs
affectueux vers la céleste patrie. Il demeura
tout le dernier jour de décembre dans une
paix parfaite, les yeux amoureusement

attachés sur Jésus crucifié qui occupait ses pensées. Sur le soir il dit, avec un transport extraordinaire, au frère qui le servait : « Ah ! mon frère, quel bonheur ! que je meurs content ! je vois Jésus et Marie qui daignent venir au-devant de moi pour me conduire dans le séjour des saints. » Un moment après il joignit les mains, puis levant les yeux au ciel, il prononça distinctement ces paroles : « Jésus-Christ, mon Sauveur, je vous recommande mon âme et la remets entre vos mains. » En achevant ces mots il rendit doucement l'esprit, vers minuit du dernier jour de l'année 1640, à l'âge de quarante-quatre ans, dont il en avait passé vingt-quatre dans la Compagnie de Jésus et dix dans les missions.

A peine le serviteur de Dieu fut-il mort, que les montagnes voisines retentirent de ces paroles : « Le saint Père est mort ! » La douleur fut universelle, les larmes coulèrent abondamment, et quoique le temps fût rude et les chemins mauvais, on accourait de toutes parts ; il fallut différer jusqu'au lendemain le service funèbre pour satisfaire la dévotion du peuple qui voulait voir encore une fois son saint apôtre et lui baiser les pieds. On célébra les funérailles le 2 janvier. La présence de vingt-deux curés, le concours des peuples, les marques publiques de douleur et de vénération en furent l'ornement, et ces ornements valent bien l'éclat des pompes et des oraisons funèbres. Le cercueil fut déposé dans une chapelle du côté de l'Evangile, et fort avant dans la terre, pour prévenir toute tentative d'enlèvement. Et parce que ces tentatives eurent lieu, on enfonça plus profondément encore sous terre ce précieux trésor, on le couvrit de poutres entrelacées les unes dans les autres, et les habitants du lieu s'armèrent pour le défendre et le conserver. Ce n'est pas sans u dessein particulier de la Providence qu l'apôtre du Vivarais et du Velay fut inhum sur les frontières de ces deux province qui lui avaient été également chères, à l Louvesc, dans une contrée montagneuse solitaire, obscure jusqu'à cette époque, afi qu'on ne pût attribuer qu'à la volonté d

Dieu, et ne rapporter qu'à sa gloire la célébrité du tombeau de son saint serviteur. Plusieurs personnes d'autorité avaient été d'avis de le transporter au collége du Puy ou à celui de Tournon, pour rendre aux Jésuites un dépôt qui semblait leur appartenir; ce conseil ou ce désir ne prévalut point, et Régis fut enseveli où il était mort.

Quand le cercueil eut disparu aux regards, il se fit dans les cœurs un changement admirable : la tristesse publique se convertit en vénération, on cessa de prier pour le repos de l'âme du défunt; pressé par un mouvement intérieur, on se recommanda vivement à ses prières. Il n'y eut personne qui ne recueillît quelques parcelles de terre de son tombeau, et qui ne les emportât comme une relique; et cette terre mêlée à des infusions, ou seulement appliquée sur les malades, opéra incontinent des guérisons merveilleuses. La confiance des peuples s'en accrut, et les jours suivants le concours continua avec même empressement; mêmes sentiments de piété, même ardeur à recueillir la poussière de son tombeau. Les pélerins déclaraient qu'ils sentaient croître en eux la dévotion à mesure qu'ils approchaient de ce sanctuaire vénéré.

Une succession non interrompue de grâces extraordinaires que l'histoire a recueillies, que l'autorité a examinées et approuvées, et que l'on peut lire dans la vie du saint par le P. Daubenton, soutinrent et propagèrent la piété des peuples dont le concours devint de jour en jour plus considérable. Nous en présentons ici un extrait fort court. Dans la seule ville du Puy, nous voyons, en 1651, onze ans après la mort du saint, une guérison instantanée des écrouelles, sur la personne de Guillaume Faure, par le seul contact de la poussière du tombeau ; et celle d'Antoinette Stival, qui recouvre subitement la vue par l'application d'une relique, en 1654. Antoinette Gravier reçoit la même grâce en plaçant sur sa tête, pendant neuf jours de neuvaine, une image du bienheureux Régis. Ces deux guérisons furent également soudaines et persévérantes. Blanche Garnier, dans un sommeil de trois heures, fut délivrée d'un cancer à la mamelle gauche, par un cataplasme composé de la poussière du tombeau. En 1656, une religieuse de Sainte-Marie, après avoir reçu les derniers sacrements, adresse au saint une prière fervente, baise dévotement une de ses reliques, la fait poser sur sa poitrine, et une hydropisie monstrueuse qui ne lui laissait de libre que la langue coule aussitôt et se dissipe entièrement.

Un fait plus remarquable, parce qu'il a été accepté par la Congrégation des Rites, et inséré dans le procès de béatification, fut la guérison de Gaspard de Montercymar, en 1674. Ce vénérable père de famille avait une énorme et douloureuse hernie ; les chirurgiens avaient tenté tous les remèdes, mais inutilement ; ils avaient enfin abandonné le malade, et déclaré impossible sa guérison. Le 29 janvier, il a une crise, il pousse des cris lamentables, et personne ne doute que la mort ne suive bientôt les accidents qu'il vient d'éprouver. Il était dans cet état désespéré, quand un de ses enfants lui raconte la guérison subite d'une paralytique, par l'intercession du saint Père Régis. Montercymar, qui avait promis autrefois de visiter le tombeau de Régis, et n'avait pas satisfait à sa promesse, regarde son mal comme le châtiment de son infidélité ; aidé de son fils, il se met à genoux, renouvelle son vœu, et à peine a-t-il fini sa prière qu'il se sent entièrement guéri ; il se lève, il fait appeler sur-le-champ son chirurgien, qui ne trouve ni tumeur, ni dureté, et constate la vérité d'une guérison complète. Toute la ville du Puy connaissait le triste état de Montercymar, elle fut témoin de son parfait rétablissement, et les personnes les plus distinguées en donnèrent des attestations juridiques.

Entre les guérisons merveilleuses obtenues dans le Vivarais, où la foi et la reconnaissance des populations étaient encore bien vives, nous rappellerons celle de madame Gazelle de La Suchère, née de Rossillon, guérie d'un mal au bras qui allait en nécessiter l'amputation. Celle d'un enfant de madame de Romezins, mordu par un chien enragé ; il avait eu plusieurs accès d'une rage furieuse, quand il fut guéri subitement par les prières de sa mère désolée au saint directeur qui l'avait convertie du calvinisme à la foi catholique. Un enfant de monsieur Godefroy de Monteil fut délivré d'une fièvre lente et réputée incurable par une relique suspendue à son cou. Le comte du Fay de La Tour-Maubourg, ancien ami de Régis, avait un fils qui était resté bossu et tout contrefait à la suite d'une fièvre maligne ; ce pauvre jeune homme fait le vœu d'aller à pied au tombeau de Régis avec deux ecclésiastiques ses précepteurs ; il guérit si parfaitement qu'il entra dans l'ordre des chevaliers de Malte. Combien d'autres malades se sont écriés, dans l'élan de leur reconnaissance, au moment de guérisons inespérées: Miracle! miracle! le saint m'a guéri, le saint m'a sauvé !

A Lyon, M. Blanche, notaire, vit cesser une fièvre continue qui le consumait et le menaçait d'une mort prochaine, à l'instant où il fit le vœu d'aller à la Louvesc. M. Barthélemy Satin est subitement délivré d'une hydropisie, en prenant une infusion d'un peu de poussière du tombeau de Régis. A Saint-Étienne, le peintre Guillermin avait négligé une hernie qui était devenue énorme et douleureuse ; il fait vœu d'exécuter le projet qu'il avait formé, depuis six mois, d'aller à la Louvesc, et de faire le portrait du saint en pied et de grandeur naturelle ; aussitôt il se sent soulagé, et le lendemain il était guéri.

La guérison la plus étonnante, et qui est mentionnée dans les actes du procès-verbal et dans la bulle de béatification du serviteur de Dieu, fut celle de la mère Jeanne-Marie Perret, religieuse de la Visitation, à Moulins. Après avoir été affligée pendant quatre ans de diverses maladies, elle fut attaquée d'une paralysie des jambes qui lui en ôtait le mouvement et le sentiment, et les rendit sèches et arides comme celles d'un squelette, et dans le reste du corps elle souffrait de très vives douleurs. Elle demeura deux ans dans ce triste état, sans

avoir même la consolation d'être transportée à l'église aux jours les plus solennels ;
car elle était si faible que le moindre mouvement la mettait en danger de tomber en
défaillance. Le Seigneur mit sa patience à
de nouvelles épreuves : à la paralysie se
joignit une monstrueuse hydropisie de poitrine que ne purent dissiper les eaux de
Vichy ni les autres remèdes ; il lui survint
enfin une fièvre ardente avec des convulsions ; de manière que, après l'arrêt des
médecins, elle ne songeait plus qu'à se
préparer à la mort.

Elle entend lire quelques pages de la vie
de Régis, et le récit des miracles qu'il plai-
sait à Dieu d'opérer par l'intercession de
son serviteur, l'espoir de guérir renaît dans
son âme ; elle se sent remplie de confiance
envers le Saint, et commence en son
honneur une neuvaine, à laquelle prirent
part plusieurs autres religieuses. Le mal
cependant croissait, mais la confiance ne
diminuait pas ; et le dernier jour de la
neuvaine, lendemain de la Présentation de
la sainte Vierge, elle demande d'être por-

tée au chœur pour y recevoir la saint
communion. La mère supérieure hésite
la vue de l'extrême faiblesse de la malade
cédant enfin à ses instances et à sa viv
confiance, qu'elle regarde comme un pr'
sage de guérison, elle permet. La malad
est donc portée au chœur, elle communi
à genoux, soutenue par deux de ses sœurs
à peine eut-elle reçu la sainte hostie, que
sentant revenir ses forces, elle fait sign
aux infirmières de se retirer. Elle demeur
à genoux sans appui pendant toute l
messe, se lève à l'Evangile, se remet
genoux sans être soutenue de personne; ell
fondit en larmes de joie et de reconnaissanc
pendant le saint sacrifice; à la fin elle s
relève pour éprouver ses forces et se met
marcher dans le chœur. La communaut
en est ravie; la supérieure avance pour lu
donner main; mais la voyant debout
ferme sur ses jambes, elle la laisse mar
cher seule. Elle va et revient jusqu'à l
grille, où accourt le prêtre célébrant qui
averti, et voyant de ses yeux le miracle
engage la mère supérieure à faire chante

le *Te Deum* en actions de grâces. C'est la mère Perret qui l'entonne, qui le chante d'une foix forte, en chœur avec les sœurs qui répondent; et le jour même, elle va dîner au réfectoire commun, elle quitte l'infirmerie qu'elle avait habitée pendant quatre ans, et elle reprend les exercices ordinaires de la communauté. Le médecin, en la voyant, s'écria : *Mon Dieu, quel miracle !*

Cela se passait en 1701; l'année suivante, l'évêque de Clermont se transporta sur les lieux par ordre du souverain pontife, et après avoir reçu les dépositions de nombreux témoins oculaires de la maladie et de la guérison, il en dressa le procès-verbal, et il écrivit au souverain pontife : Toute la ville a été témoin du miracle, personne ne l'a contredit.

Nous suspendrons le récit de ces merveilles, pour écouter sur ces faits en général le témoignage indéclinable des évêques voisins du théâtre des événements, et souvent même témoins oculaires de ce qu'ils rapportent.

Armand de Béthune, évêque du Puy, qui voyait la confiance des peuples envers le saint Apôtre croître sans cesse, et qui se croyait lui-même redevable à Régis de plusieurs grâces signalées, pensa sérieusement à demander sa béatification; il ordonna, l'an 1676, une information juridique des vertus et des miracles du saint, et il nomma une commission composée de son vicaire-général, d'un docteur en Sorbonne, et d'un docteur en droit canon. Les commissaires reçurent les dépositions, dressèrent de tout un procès-verbal, et l'évêque l'envoya l'année suivante à la Congrégation des Rites. Ces premières démarches furent appuyées par les villes qui avaient reçu de Régis des faveurs particulières, par les députés de quarante villes aux Etats du Languedoc, par la noblesse de cette province, et par le roi de France Louis XIV. Alors Innocent XII permit que la cause du serviteur de Dieu fût introduite.

Clément XI, qui succéda en 1700 à Innocent XII, touché des sollicitations pres-

santes de Sa Majesté très chrétienne, des supplications réitérées des villes, et de tout ce que l'on disait des vertus éclatantes de Régis, commit, en 1702, l'archevêque de Vienne, les évêques du Puy et de Valence, pour prendre les informations canoniques sur les vertus et les miracles du serviteur de Dieu; ils s'en acquittèrent avec diligence et fidélité, et ils envoyèrent à Rome les deux procès-verbaux. Le pape nomma une commission de vingt cardinaux et de vingt consulteurs, tant prélats que religieux, pour examiner l'héroïsme des vertus, réservant à un autre temps l'examen des miracles. Cet examen dura dix ans; les faits furent discutés avec une critique sévère. Dans l'intervalle, plusieurs instances furent adressées à la Congrégation des Rites; les trois prélats informateurs lui écrivirent en commun l'an 1702, et ils disaient :
« La dévotion des peuples envers le Père » Jean-François Régis, et la confiance qu'ils » ont en sa puissante protection, sont in- » croyables. Le concours des fidèles qui » vont à son tombeau, attirés par les mer-

» veilles qui s'y opèrent tous les jours, ne
» se peut exprimer, quoiqu'il faille pour
» s'y rendre traverser des montagnes pres-
» que inaccessibles. Ils sont tellement
» prévenus en faveur de la sainteté du
» serviteur de Dieu qu'il nous paraît pres-
» que impossible d'empêcher qu'ils ne lui
» rendent les honneurs qui ne sont dus
» qu'aux saints canonisés par l'oracle de
» l'Eglise. » Armand de Béthune ajoutait
dans une lettre particulière qu'il écrivait
l'année suivante : « La multitude de ceux
» qui vont chercher la poussière miracu-
» leuse de son tombeau est innombrable ;
» je ne vois pas comment on pourra arrêter
» plus longtemps la piété des fidèles, et
» empêcher qu'elle ne dégénère en culte
» public, malgré les décrets du Saint-
» Siége. »

Les archevêques et évêques du Languedoc, au nombre de vingt-deux, écrivirent,
le 12 janvier 1704, à Clément XI : « Nous
» nous félicitons nous-mêmes de ce que
» Dieu a fait naître parmi nous, de nos
» jours, un homme apostolique doué de la

» grâce des miracles ; de sorte que nous
» pouvons nous écrier avec le prophète :
» *Le désert se réjouira et fleurira comme*
» *le lis ; parce que les yeux des aveugles*
» *seront ouverts aussi bien que les oreilles*
» *des sourds. Le boiteux courra comme*
» *le cerf sur les collines, et la langue des*
» *muets sera déliée.* Car nous voyons de
» nos yeux les mêmes prodiges se renou-
» veler sans cesse sur les montagnes de la
» Louvesc. Nous sommes témoins que, de-
» vant le tombeau du Père Jean-François
« Régis, les aveugles voient, les boiteux
» marchent, les sourds entendent, les
» muets parlent, et que le bruit de ces
» surprenantes merveilles s'est répandu
» dans toutes les nations. Plaise au ciel,
» très Saint-Père, que, par le jugement de
» votre sainteté, cet homme de Dieu
» augmente le nombre de ceux à qui l'E-
» glise accorde son culte. »

Enfin une lettre de l'archevêque de
Vienne, Arnaud de Montmorin, dans le
diocèse duquel était alors la Louvesc, écrite
à sa sainteté le 11 octobre 1710, complète

ainsi ces témoignages : « Pendant la vie
» du Père J.-F. Régis, tous le regardaient
» et le vénéraient comme un saint ; mais
» l'opinion qu'ils avaient conçue de sa
» sainteté a bien augmenté depuis sa mort,
» par la grande multitude de miracles que
» Dieu opère tous les jours à son tombeau
» pour le rendre plus illustre. On en em-
» porte de la poussière dans toutes les pro-
» vinces du royaume ; et on l'y conserve
» précieusement, comme un remède uni-
» versel à toutes sortes de maladies. Ce
» n'est pas seulement le bas peuple qui en-
» treprend ce pieux pélerinage ; c'est
» toute la noblesse et le clergé, comtes,
» marquis, gouverneurs de provinces, gé-
» néraux d'armées, évêques, archevêques,
» cardinaux même. Il s'y trouve quelque-
» fois tant de monde, en certaines sai-
» sons de l'année, que les pélerins sont
» obligés de dormir au milieu de la cam-
» pagne, toutes les hôtelleries et toutes les
» maisons du lieu étant occupées par les
» personnes de distinction ; l'église est
» remplie pendant tout le jour par les

» étrangers qui se succèdent continuelle-
» ment les uns aux autres. Plusieurs prêtres
» suffisent à peine pour administrer les sa-
» crements à tous ceux qui se présentent.

» On y envoie des pays les plus éloignés
» des présents très riches, en action de
» grâces des faveurs reçues par les mérites
» du saint homme. Il en est venu souvent
» de Lyon, de Nevers, de Grenoble, de
» Montpellier, de Toulouse, de Marseille,
» d'Avignon, de Perpignan, d'Orléans, de
» Paris, de Bourgogne, du Piémont, du
» Milanais. Il est arrivé de là que l'église
» qui était délabrée et dénuée des orne-
» ments les plus nécessaires, en a mainte-
» nant abondamment et de magnifiques....
» L'ardeur des peuples à honorer les sacrées
» reliques du saint homme s'augmente
» tous les jours à un tel point, que je doute
» fort que les censures dont je me suis
» servi jusqu'à présent pour retenir le peu-
» ple soient désormais un frein assez puis-
» sant pour arrêter le culte public. Les
» peuples s'imaginent que ceux qui s'y
» opposent obéissent moins aux ordres de

» l'Eglise qu'ils ne résistent à la volonté
» de Dieu, qui manifeste ouvertement, par
» tant miracles, qu'il agrée le culte reli-
» gieux qu'on lui rend publiquement. »

Pressé par ces vives instances, le souverain pontife se fit rendre compte, dans une
congrégation tenue en sa présence, le 15
mars 1712, des travaux de la commission,
et tous les consulteurs déclarèrent unanimement qu'ils jugeaient les vertus du
saint prêtre relatées dans les deux procès-
verbaux incontestablement prouvées et
portées à un degré héroïque. Après avoir
recueilli les suffrages, le souverain pontife
voulut étudier lui-même la matière; il
implora avec sa ferveur ordinaire le secours
divin, et enfin, le saint jour de Pâques,
27 mars 1712, après avoir célébré les divins mystères dans la basilique du Prince
des Apôtres, il prononça le décret solennel
et définitif de l'héroïsme des vertus : le
serviteur de Dieu Jean-François Régis fut
préconisé vénérable.

Sa sainteté ordonna ensuite de procéder
à l'examen des miracles ; cet examen dura

trois ans ; Prosper Lambertini , alors promoteur de la foi , et depuis si célèbre sur la
chaire pontificale sous le nom de Benoît
XIV , fit de tous les miracles, comme il
avait fait des vertus , la critique la plus
sévère , et ce ne fut qu'après la plus ri-
goureuse discussion que Sa Sainteté approuva, comme base du procès de béatification, la guérison instantanée et soutenue de
la mère Perret , religieuse de la Visitation
à Moulins , et celle de M. Gaspard de Montercymar, habitant de la ville du Puy.
Cette approbation est datée du dimanche de
la Quasimodo , 28 avril 1715 , et le décret
définitif de béatification fut promulgué à
Sainte-Marie-Majeure le 8 mai 1716. En
voici la traduction : « Le Saint-Esprit nous
» avertit qu'on doit un tribut de louanges
» à ces hommes glorieux qui , riches en
» vertus , se sont rendus illustres dans
» leurs nations, aux saints et aux élus du
» Seigneur que la divine bonté a pris plai-
» sir d'orner des dons les plus éclatants
» de ses diverses grâces. Et certes, il est
» bien juste que les fidèles s'empressent

» d'honorer ceux que le Souverain Juge
» couronne dans le ciel d'une gloire immor-
» telle, et dont il atteste la sainteté sur la
» terre par les miracles qui suivent leur
» mort, afin que les peuples racontent
» leur sagesse, et que l'Eglise publie leurs
» louanges. Comme parmi ces hommes
» illustres la divine Providence a fait éclater
» partout la gloire du serviteur de Dieu
» Jean-François Régis, prêtre, religieux de
» la Compagnie de Jésus, lequel, revêtu
» de la vertu d'en haut, et portant le joug
» du Seigneur dès sa jeunesse, a toujours
» uni l'austérité de la pénitence avec la
» candeur de l'innocence; homme vraiment
» apostolique, dont l'Esprit-Saint a sans
» cesse dilaté le cœur, afin qu'il se montrât
» en tout, comme il a fait, un digne mi-
» nistre du Seigneur, par beaucoup de
» patience dans les tribulations, dans les
» détresses, dans les afflictions, sous
» la violence des coups, parmi les travaux,
» par les veilles et par les jeûnes, par
» la science, par la douceur, et surtout
» par une charité sincère pour Dieu et pour

» le prochain , dont il fut merveilleusement
» embrasé. Nous manquerions aux devoirs
» du pontificat , auquel il a plu à Dieu de
» nous élever, quoique cette dignité soit
» fort au-dessus de nos mérites et de nos
» forces, si nous n'employions le pouvoir
» que nous avons reçu d'en haut à aug-
» menter le culte et la vénération de ce
» serviteur de Dieu, pour la gloire du Sei-
» gneur, pour l'ornement de l'Eglise catho-
» lique et l'édification du peuple chrétien.
» Ayant donc examiné et pesé avec soin et
» maturité toutes les procédures et infor-
» mations juridiques faites par nos véné-
» rables frères les cardinaux de la Congré-
» gation des sacrés Rites, sur la sainteté et
» sur les vertus héroïques du serviteur de
» Dieu Jean-François Régis, et sur les
» miracles qu'on assurait que Dieu avait
» faits par son intercession, et pour mani-
» fester aux hommes sa sainteté, nous
» avons fait encore assembler devant nous
» cette même Congrégation, qui, après avoir
» pris l'avis des consulteurs, a jugé d'un
» commun consentement que nous pou-

» vions, quand bon nous semblerait, dé-
» clarer bienheureux ce serviteur de Dieu,
» avec les concessions ordinaires.

» C'est pourquoi, ayant égard, comme
» la bonté paternelle le demande, aux
» pieuses instances de plusieurs de nos
» vénérables frères archevêques et évêques
» de France, particulièrement du Langue-
» doc ; de nos chers fils les magistrats, sei-
» gneurs et peuples de la même province ;
» de toute la Compagnie de Jésus ; les-
» quelles instances le roi très chrétien
» Louis XIV, de glorieuse mémoire, avait
» bien voulu appuyer de ses prières, nous
» accordons, par l'autorité apostolique et la
» teneur de ces présentes, que ledit servi-
» teur de Dieu Jean-François Régis soit
» désormais appelé bienheureux ; que son
» corps et ses reliques soient exposés à la
» vénération des fidèles ; que dans ses
» images il soit représenté couronné de
» rayons, et que chaque année on récite
» l'office et qu'on dise la messe de confes-
» seur non pontife, suivant les rubriques
» du Bréviaire et du Missel romains, etc. »

Pour comprendre combien cette béatification fut importante et glorieuse, il faut se rappeler qu'il n'y en avait pas eu depuis cinquante ans ; et depuis Alexandre III, vers le milieu du douzième siècle, à peine comptait-on soixante-dix saints auxquels l'Eglise eût décerné les honneurs de la canonisation. Ce fait est une réponse péremptoire à plusieurs calomnies de l'hérésie et de l'incrédulité contre la canonisation et l'invocation des saints.

Cependant le corps du bienheureux fut levé solennellement de terre par l'archevêque de Vienne, le 30 septembre 1716, avec les cérémonies ordinaires, en présence du clergé et des populations nombreuses accourues pour prendre part au triomphe du saint, et recueillir de Dieu, par son intercession, de nouvelles faveurs. Les reliques furent serrées dans un coffret de bois, le coffret renfermé dans une châsse d'argent, et la châsse d'argent placée au-dessus du tabernacle d'un autel dédié au saint dans l'église de la Louvesc.

Le concours des peuples continuant au

tombeau du saint avec le cours de ses bienfaits et de ses miracles, plusieurs personnes d'autorité, et entre autres le père Jean Cayron, mort à Toulouse en odeur de sainteté, l'an 1754, poursuivirent avec zèle le procès de sa canonisation. Louis XV en écrivit au pape Clément XII, l'an 1735, la lettre suivante :

« Nous avons appris avec une grande
» satisfaction que Votre Béatitude est dispo-
» sée à procéder définitivement à la cano-
» nisation de saint Jean-François Régis.
» Avec le désir que nous avons en général
» de tout ce qui peut contribuer à l'édifica-
» tion des fidèles, plusieurs raisons particu-
» lières nous intéressent à la consommation
» de ce saint ouvrage. Nous avons pour le
» bienheureux Régis la même vénération
» qui porta feu le roi à solliciter sa béati-
» fication. C'est dans diverses provinces
» de notre royaume, qui lui a donné nais-
» sance et où il est mort, qu'ont éclaté
» principalement ses vertus et ses mira-
» cles; et ceux-ci, comme Votre Sainteté
» en est instruite, continuent à éclater de

» plus en plus. Les missions qu'il donna
» en différentes parties du Languedoc y
» produisirent le retour d'un grand nombre
» d'hérétiques à la vraie religion , et celui
» d'une multitude de pécheurs à la vertu
» et à la piété. Ce que nous savons du
» concours et de la dévotion de nos sujets
» dans le lieu où est mort le serviteur de
» Dieu , et qui, depuis ce temps-là , est de-
» venu aussi célèbre qu'il était peu connu
» auparavant, nous fait concevoir quelle
» joie leur donnera sa canonisation. Enfin
» nous ne pouvons être aussi que sensibles
» à la consolation qu'en recevra la société
» dont il était membre, et qui, à son
» exemple , s'emploie si utilement aux
» missions dans toutes les terres de notre
» obéissance en France , en Canada, et
» dans les îles de l'Amérique. Vous n'igno-
» rez pas, très saint Père , quels sont les
» justes fondements de notre estime pour
» cette société. Nous espérons que , après
» cette exposition de nos souhaits et de
» leurs motifs , Votre Sainteté ne doutera
» point de notre sensibilité aux égards

» quelle voudra bien avoir à nos très pres-
» santes instances, etc., etc. »

Le roi d'Espagne Philippe V écrivit de
son côté, le 21 octobre de la même année,
au même pape Clément XII : « Ayant
» appris que la Compagnie de Jésus désire
» et sollicite avec le plus grand empresse-
» ment la canonisation du bienheureux
» Jean-François Régis, je ne puis me dis-
» penser de faire connaître à Votre Sainteté
» combien mon affection singulière pour
» cette société, et ma dévotion envers ce
» grand serviteur de Dieu, m'intéressent à
» l'heureuse et prompte exécution de cette
» affaire. C'est ce qui m'engage à vous sup-
» plier du meilleur de mon cœur, très
» saint Père, de nous donner cette consola-
» tion. Je verrai avec bien du plaisir la
» Compagnie de Jésus recevoir cette marque
» de votre amour paternel. Je ressentirai en
» particulier un grand contentement de la
» canonisation du bienheureux Jean-Fran-
» çois Régis, etc., etc. »

L'assemblée du Clergé de France de la
même année 1735, s'adressant au même

pontife pour la même cause, disait : « Le
» clergé de France se présente avec respect
» devant la chaire de Pierre, élevée au
» sommet de l'épiscopat, pour supplier
» Votre Sainteté de mettre au rang des
» saints, par l'autorité que lui donne sa
» dignité suprême dans l'Eglise, Jean-Fran-
» çois Régis, placé déjà au rang des bien-
» heureux, et de consommer ce grand
» ouvrage sous les mêmes auspices qui lui
» ont donné un heureux commencement...
» A mesure que la dévotion des peuples
» envers ce saint fait de nouveaux progrès,
» et que son nom devient plus célèbre par-
» mi les nations étrangères, les vertus qu'il
» a pratiquées passent de bouche en bouche
» et renouvellent les âmes. Nous nous inté-
» ressons spécialement dans cette affaire
» pour la gloire qui en reviendra à l'Eglise
» gallicane... de pouvoir compter parmi ses
» protecteurs dans le ciel celui qu'elle
» comptait il n'y a pas longtemps entre
» ses membres... Faites donc voir au
» monde qui vieillit un exemple renaissant
» de la charité apostolique ; accordez aux

» vœux empressés des peuples un nouveau
» défenseur dans le ciel ; donnez à une
» compagnie qui a bien mérité de l'Eglise
» un modèle domestique qui l'anime de
» plus en plus dans ses pieux travaux ;
» ordonnez qu'on inscrive dans les fastes
» des saints l'illustre Jean-François Régis,
» que le Saint-Siége a déjà placé au rang
» des bienheureux, afin qu'il vous reçoive
» un jour dans les tabernacles éternels.

» Enfin les Etats-Généraux de la pro-
» vince du Languedoc, assemblés à Nar-
» bonne, firent aussi une vive instance le
» 20 février de l'année 1736, et ils di-
» saient entre autres choses : Les Etats-
» Généraux viennent d'apprendre que
» Votre Béatitude est dans la disposition
» de mettre solennellement au nombre des
» saints le bienheureux Jean—François
» Régis, de la Compagnie de Jésus. Ils n'ont
» pu recevoir une si heureuse nouvelle
» sans se féliciter eux-mêmes, et sans
» rendre de très humbles actions de grâces,
» premièrement à Dieu... ensuite à Votre
» Sainteté, du dessein qu'elle a formé de

» faire à notre province le plus grand hon-
» neur qu'elle pût recevoir, et celui qui est
» en effet l'objet de ses vœux les plus ar-
» dents... Nos pères, qui avaient vu cet
» homme célèbre, qui l'avaient entendu,
» qui l'avaient suivi avec empressement,
» nous les ont racontés ces fruits merveil-
» leux de son apostolat; et nous serions
» bien ingrats; ce n'est pas assez, nous
» serions des citoyens infidèles à notre pa-
» trie, si, oubliant des vertus si admira-
» bles, tant de services et de si grands
» bienfaits, nous refusions notre culte à
» cette homme apostolique, à présent qu'il
» règne dans le ciel, et si nous ne souhai-
» tions de tout notre cœur que ce culte fût
» augmenté autant qu'il est possible, et
» qu'il s'étendît par tout l'univers, etc. »

Tant d'instantes prières, accompagnées
des pressantes sollicitations des archevêques de Lyon, de Vienne, d'Embrun,
d'Aix, de Bordeaux, des évêques de Marseille, de Poitiers, de Valence, d'Agen,
et de plus de vingt autres, de celles du duc
Saint-Aignan, ambassadeur de France à

à Rome, etc., hâtèrent la conclusion d
cette affaire; et le cinquième jour d'avril
fête de saint Vincent Ferrier, auquel l
pape avait une dévotion spéciale, l'a
1737, Clément XII fit publier le décret d
la canonisation du B. J.-F. Régis, prêtre
religieux de la Compagnie de Jésus; et l
solennité de la canonisation fut célébré
dans l'église de Saint-Jean-de-Latran, le 1
juin de la même année 1737, jour anni
versaire de la naissance du pape Clémen
XII, et la fête annuelle de saint J.-F. Ré
gis continue à se célébrer le 16 juin, dan
l'Eglise romaine. Les derniers jours d
décembre, époque de la mort du saint
sont occupés par d'autres solennités, e
dans cette mauvaise saison les peuples ne
pourraient aller satisfaire leur dévotion au
tombeau du saint sur les hautes montagne
de la Louvesc.

PREMIÈRE TRANSLATION

OU SOUSTRACTION ET RESTITUTION DES RELIQUES DE S. J.-F. RÉGIS.

Les beaux jours de la religion en France et du culte pieux des peuples envers les grands hommes qui les avaient civilisés, consolés et sanctifiés par leurs exemples et leurs discours étaient passés; des jours mauvais venaient de se lever, des jours d'impiété, de vandalisme, d'anarchie; la révolution de 93 avait trouvé des échos sur les âpres montagnes du Velay et du Vivarais, et troublé le silence et la paix de ces lointaines solitudes. La persécution contre les prêtres fidèles, la spoliation des temples, étaient organisées légalement, des menaces avaient été proférées contre le sanctuaire de la Louvesc, et les richesses qui le décoraient avaient réveillé une sacrilége convoitise. Alors quatre frères, les MM. Buisson, d'une famille honorable de la Louvesc, méditèrent l'enlèvement secret des reliques de saint J.-F. Régis, pour les soustraire à la profanation et au larcin ; et, avec l'agrément de M. le curé, il l'opérèrent heureusement, en assumant sur eux toute la responsabilité. Ils ouvrirent la châsse en argent, ils la laissèrent en place, ils y mirent quelques ossements communs, et ils emportèrent le coffret qui contenait les reliques avec les authentiques, et les cachèrent soigneusement dans la maison paternelle, en présence de M. Billot, curé, et de M. Cartal, prêtre de Saint-Sulpice : ils en dressèrent procès-verbal. La châsse d'argent et les autres objets précieux ne tardèrent pas, en effet, à être enlevés et détruits par ordre de l'autorité révolutionnaire : en attendant les reliques restèrent ignorées pendant tout le temps de la persécution, et elles furent pour l'excellente famille où elles reposaient un gage de protection et de sécurité, comme autrefois l'arche d'alliance une source de bénédictions pour la maison d'Obédédon qui lui servait de sanctuaire provisoire.

Cependant, lorsque l'Eglise de France eut retrouvé quelque apparence de paix par la publication du concordat, les MM. Buisson crurent le moment venu de dévoiler leur secret; ils instruisirent l'autorité diocésaine de tout ce qui s'était passé, et l'autorité décida que la translation des reliques aurait lieu à une époque déterminée. En conséquence, le 13 juillet 1802, Mgr de Chabot, ancien évêque de Saint-Claude, nouvel évêque de Mende et de Viviers, car dans la circonscription nouvelle la Louvesc appartenait à ce dernier diocèse, se rendit sur les lieux avec M. Vernet, son vicaire-général, M. l'abbé Coudrin, son secrétaire, et un nombreux clergé; il procéda à la vérification des reliques qui furent trouvées telles qu'il était relaté dans le procès-verbal; puis elles furent portées processionnellement à l'église, exposées au milieu du chœur avec les cérémonies d'usage, et enfin replacées sur l'autel dans le même lieu qu'elles occupaient avant la révolution. M. l'abbé Picancel, curé d'Annonay, prononça le panégyrique du saint. Au sortir de la cérémonie, les fils Buisson recueillirent les bénédictions des assistants pour l'action pieuse et courageuse qui conservait à la paroisse et à la commune ce qu'elles avaient de plus précieux.

Malgré la spoliation du sanctuaire de la Louvesc et l'absence de la sainte relique, les pélerinages avaient continué de loin en loin pendant les jours de la terreur. Lorsque, après le 9 thermidor et la mort de Robespierre, la persécution fut ralentie, le concours augmenta; et bien que par ordre de l'autorité, qui proclamait la liberté et l'égalité des citoyens, les portes restassent constamment fermées, il n'y avait pas d'heure où quelque fidèle ne fût trouvé prosterné contre les murs, comme s'ils étaient encore imprégnés de la bonne odeur des vertus du saint ou de sa puissance miraculeuse. L'exemple du pieux et zélé Mgr d'Aviau, archevêque de Vienne, qui, à son retour de Rome, et pour venir au secours de ses diocésains, avait apparu sur les lieux, et chaque année venait renouveler ses forces à cette source pour soutenir son laborieux et dangereux apostolat, anima vivement la confiance des fidèles. Cependant, depuis la translation, le concours des pélerins fut bien plus considérable, et même plus grand qu'avant la révolution. Les sentiments longtemps contraints sont plus ardents et plus expansifs quand ils peuvent se reproduire.

Il est aussi d'autres causes plus graves et plus édifiantes de ce renouvellement que nous devons ici faire connaître et apprécier.

Cette paroisse intéressante a eu l'avantage inappréciable d'avoir de bons pasteurs, entre lesquels on peut nommer avec éloge l'ancien curé Bilhot, fondateur de l'hospice desservi par les religieuses de Saint-Joseph. Le curé Blachette, prêtre zélé, directeur pieux, auteur anonyme de plusieurs ouvrage de dévotion, et propagateur éclairé du culte de saint Jean-François Régis.

D'autres prêtres instruits et vertueux ont fait aussi un séjour plus ou moins prolongé à la Louvesc, et ont secondé de tous leurs efforts les vues et l'activité du premier pasteur de la paroisse. M. l'abbé Terme, supérieur des religieuses de Saint-Joseph, dans le diocèse de Viviers, missionnaire habile et laborieux, imitateur fidèle des exemples de saint Jean-François Régis, auteur d'un recueil d'*Exercices spirituels* en l'honneur du Saint, enlevé à ses amis et à l'Eglise par une mort prématurée lorsqu'il méditait son entrée en religion, mérite une mention personnelle.

Il la mérite surtout dans ce précis historique comme fondateur et premier supérieur de la congrégation des religieuses *de la Retraite-Saint-Régis*, qui prend aujourd'hui le nom de *Retraite de Notre-Dame du Cénacle*, dont la fin spéciale est de recevoir dans leurs maisons les personnes de leur sexe qui veulent donner quelques jours aux exercices d'une retraite ou commune ou particulière, et de les aider et diriger selon leur institut approuvé par l'évêque de Viviers, les ordinaires des diocèses où elles ont des maisons, et le souverain pontife Pie IX. La première maison de l'ordre fut établie à la Louvesc pour le service et la commodité des pélerins qui veulent rester plusieurs jours et éviter le tumulte des auberges ; elle y existe toujours florissante ; et elle ne contribue pas peu à entretenir la réputation et la régularité du pélerinage. D'autres maisons de la même congrégation ont été fondées depuis, à Tournon, et à Lyon sur le plateau de Fourvières. Nous insérerons en son lieu le règlement ou le prospectus de cette *Retraite-saint-Régis*, nommée depuis ; sur la présentation de Mgr Guibert, évêque de Viviers, dans le bref d'approbation par le saint-siége : *Retraite de Notre-Dame du Cénacle.*

Une autre institution non moins importante et présque nécessaire pour rendre le pélerinage édifiant et fructueux, c'était l'établissement d'une résidence de missionnaires. Ils y sont établis, ils y prêchent, ils y confessent, ils y donnent des retraites ecclésiastiques tous les mois, et il est des époques ou cinq et six confesseurs suffisent à peine aux demandes des fidèles. Déjà les Jésuites avaient eu une résidence à la Louvesc, avant la dissolution de leur Compagnie, en 1773. Le collége de Tournon envoyait quelques Pères, dans la saison convenable, pour y remplir les fonctions du ministère ; elle existait où est aujourd'hui la communauté des religieuses de la Retraite. Mgr Bonnel de La Brageresse, évêque de Viviers, a rappelé les Pères de la Compagnie en 1832, et leur a confié le service du pélerinage, la direction des exercices, et la garde de l'église. Pendant la mauvaise saison, les missionnaires descendent de la Louvesc et se répandent dans le diocèse pour y donner, partout où ils sont demandés, des missions ou des retraites. Il est évident que la certitude de trouver des confesseurs qui ont l'expérience du ministère avec tous les pouvoirs de l'ordinaire, la certitude d'entendre des instructions solides et de pouvoir suivre les exercices d'une retraite, doit attirer les pélerins et rendre plus célèbre et plus utile le florissant pélerinage. Aussi, loin de décroître, le nombre des pieux visiteurs paraît augmenter d'année en année ; il a atteint et dépassé quelquefois le chiffre de quatre-vingt mille. Les prêtres donnent l'exemple, et il en vient de plusieurs diocèses pour faire, sous la direction des Pères, leur retraite annuelle.

TRANSLATION DES RELIQUES,

Dans le mois de septembre 1834.

Pendant que le R. Père Guillermet était supérieur de la mission, son zèle lui inspira de faire une œuvre utile aux fidèles et glorieuse à saint Jean-François Régis, pour lequel il éprouvait un dévouement sincère et généreux : il s'arrête au projet de renouveler la châsse qui était en bois doré, et de lui en substituer une en vermeil digne de la célébrité du saint et de celle de son sanctuaire. Il vient à bout d'intéresser à cette bonne œuvre des personnes riches et vertueuses, et de la placer sous le patronage de Mgr l'évêque de Viviers. Il commande la châsse, il en confie l'exécution à M. Choiselat, et des ateliers de cet artiste distingué sortit une fort belle châsse, plus remarquable par le bon goût et le fini du travail que par la grandeur des dimensions. Le jour de la translation des reliques fut fixé au 3 septembre.

La nouvelle de cette translation, annoncée à temps, répandue au loin, mit en mouvement les populations des contrées environnantes. Dès la veille, tous les chemins qui conduisent à la Louvesc se couvrirent de voyageurs; l'intérieur de la chapelle et toutes les avenues furent remplies, obstruées. L'église resta ouverte toute la nuit, l'affluence des fidèles continua; des confesseurs étaient au tribunal de la pénitence, d'autres prêtres faisaient toucher aux saintes reliques des objets de piété; depuis minuit le saint sacrifice fut incessamment offert, et des femmes venues de quinze et vingt lieues passèrent toute la nuit en prières, et attendirent jusqu'au milieu du jour avant de pouvoir se confesser et communier.

Le jour se lève beau, malgré les pronostics contraires, et voit rassemblée sur le plateau de la Louvesc une population d'environ vingt-six mille âmes, impatiente de

voir commencer la cérémonie. Quatre cents
prêtres y assistaient ; trois prélats étaient
présents : Mgr de Pins, archevêque d'Ama-
sie, administrateur de Lyon, Mgr Devie,
évêque de Belley, et Mgr Bonnel, évêque
diocésain, qui présidait à la cérémonie.
Elle commença vers les huit heures, et fut
ouverte par une messe solennelle. La procession suivit immédiatement. A un petit
quart de lieue de la Louvesc, non loin du
grand chemin d'Yssengeaux, est une colline
verdoyante qui domine tout le bassin de la
Louvesc et les campagnes d'alentour.
C'est là qu'avait été dressé un élégant
pavillon sous lequel était déposée avec les
reliques la nouvelle et brillante châsse ; là
aussi s'élevaient les trônes des trois prélats. La procession défile avec ordre, bannières déployées; les files immenses des jeu-
nes personnes vêtues de blanc et des
religieuses en costume noir, et puis de
femmes avec mille formes d'habillements,
s'allongent, se déploient, se croisent par
cent contours avec les files non moins nombreuses de pénitents et d'hommes de toutes

4.

les classes ; et viennent prendre place au pied de la colline autour du pavillon ; quatre cents prêtres couronnaient le sommet, et les trois prélats dominaient cette nombreuse assemblée. L'émotion de plusieurs ne se contint plus, des cris d'admiration échappèrent involontairement, des larmes de joie et de piété coulèrent des yeux. Le silence s'établit ; un orateur sacré, M. Ruivet, vicaire-général de Belley, apparaît debout devant le monument, et, du haut de cette tribune sacrée, il jette à cette multitude immobile, recueillie, avide d'entendre les louanges de son saint, les paroles éloquentes que lui inspirent les lieux, la fête, et l'enthousiasme de tous.

Après cette allocution et la bénédiction épiscopale que la foule reçoit à genoux, se prosternant aux pieds de son évêque par un mouvement spontané, religieux et universel, la procession reprend le chemin du hameau, en déployant ses bannières et en chantant les psaumes et les hymnes sacrés analogues à la solennité. Aux approches de l'église, le peuple s'arrête en dehors, se

forme sur deux haies serrées, et se pros-
terne au passage de la châsse pour vénérer
les reliques de son bienheureux patron. Le
clergé entre, la châsse est portée au lieu
qu'elle doit occuper, et la bénédiction du
Saint-Sacrement fut la clôture de la mati-
née.

La soirée ne fut pas moins édifiante par
par le concours des peuples, la dévotion
des fidèles et la pompe des cérémonies.
Après Vêpres, le panégyrique du saint fut
prononcé dans la chapelle, en présence
des personnes les plus distinguées de cette
nombreuse réunion. Le discours de l'orateur, le Père Deplace, surpassa l'attente
générale : des développements intéressants,
de vives descriptions, des applications
heureuses, des allusions délicates, ne laissèrent pas languir un seul moment l'auditoire attentif. L'orateur termina par la
prophétie d'Ezéchiel sur des ossements
arides qui doivent revivre un jour, *vatici-
nare de ossibus istis*, Ezech. XXXVII. Il
annonça au nom des ossements sacrés de
Régis des bénédictions multipliées « à ces

» prélats grands de leur illustration per-
» sonnelle et des souvenirs de leurs égli-
» ses ; et à cette élite du clergé dont la
» présence religieuse ajoute beaucoup à
» l'édification des peuples et à la vénération
» du glorieux sépulcre ; et à cette famille
» de frères courageux qui, se dévouant dans
» des moments difficiles pour sauver les
» restes de son apôtre, a désormais rendu
» son nom et son éloge inséparables du
» nom de l'éloge de Régis ; et à ces péle-
» rins nombreux dont la piété, transmise de
» génération en génération, vient sans
» cesse demander des miracles ou apporter
» des actions de grâces au tombeau du
» thaumaturge de leurs montagnes ; et à la
» France enfin toute entière, qui, dans
» Régis, présente avec orgueil un de ses
» plus illustres enfants, et vénère avec
» amour un de ses plus fidèles protec-
» teurs. «

Un jour ne suffit pas à la piété des peuples ; les pélerins n'ont pas cessé d'accourir
et de se presser auprès des précieuses reliques pendant les huit jours qui ont suivi la

translation, et leur foi est toujours récompensée par de nouveaux bienfaits, même par des prodiges visibles dont les procès-verbaux ont été dressés et déposés dans les archives de l'église de la Louvesc avec toutes les formalités légales.

Nous en raconterons un petit nombre choisis entre les autres pour alimenter la foi et la confiance des pieux fidèles, et nous suivrons dans notre récit l'ordre des temps pour rendre la narration plus intéressante.

A MONSIEUR LE CURÉ DE LA LOUVESC.

Marie Veyet, de Bizonne, fut atteinte, dans le courant du mois de novembre 1810, de convulsions affreuses qui lui paralysèrent entièrement la langue et les jambes ; je lui administrai l'Extrême-Onction, dans la crainte où j'étais qu'elle ne vînt à périr dans les assauts de la maladie. Je dois vous faire observer que les médecins avaient administré à cette enfant quelques remèdes qui n'avaient eu aucun succès. Jean Veyet, son père, fit un voyage à la Louvesc, dans le commencement de mai 1811, pour obtenir, par l'intercession de saint J.-F. Régis, la guérison de sa fille muette et paralytique de ses jambes depuis environ sept mois huit jours. Après son retour à Bizonne, ma paroisse, la fille marcha, mais elle resta muette. Dans les premiers jours de juin 1811, Euphrosine Naimoz, mère de Marie Veyet, fit un voyage à l'église de saint F. Régis avec sa fille muette; elle entendit la Messe qui se dit à l'*Angelus*; son enfant fut bien fatiguée pendant la Messe; et, après la consécration, elle dit dans l'église à sa mère : « Ah ! ma mère, vous avez bien eu de la peine pour me conduire ici; mais à présent j'irai bien toute seule. » Telles ont été les premières paroles qu'elle prononça en présence de sa mère. Elle recouvra l'usage de ses jambes, le 10 mai 1811, dans l'église de saint F. Régis. La mère et la fille sont elles-mêmes porteuses du présent;

vous pouvez ajouter foi à ce que cette femme vous dira de vive voix ; elle a de la piété, ainsi que son mari. J'ai cru que la guérison de leur enfant était marquée au coin du miracle ; c'est ce qui m'a déterminé à entrer dans les détail précédent.

J'ai l'honneur d'être, etc.

Signé VALETTE, Recteur de Bizonne, diocèse de Grenoble, Archiprêtre du Grand-Lemps.

Pour la plus grande gloire de Dieu, et par reconnaissance à saint F. Régis, je me fais aujourd'hui un devoir de rapporter ici une guérison d'yeux que je ne puis regarder que comme miraculeuse. Après avoir consulté les médecins les plus habiles pendant l'espace de six mois, et après avoir employé tout ce que la nature et l'art pouvaient me fournir, n'obtenant par ces moyens aucun soulagement, n'étant pas même dans le cas de soutenir la lecture d'une seule page d'un livre quelconque sans éprouver des tiraillements de nerfs épouvantables, abandonné des médecins, il me vint subitement à l'esprit d'avoir recours à saint F. Régis ; je lui vouai sur-le-champ une neuvaine que je commençai par la confession et la communion. Je me sentis d'abord un peu soulagé ; ce soulagement alla de mieux en mieux jusqu'à la fin de la neuvaine que j'eus le bonheur de terminer comme j'avais commencé, c'est-à-dire par la confession et la sainte communion ; je fit célébrer ce même jour la sainte Messe dans l'église de Saint-Antoine, diocèse de Grenoble, où je faisais mes études auprès de M. Jacquen, curé alors de la paroisse de Saint-Antoine, canton de Saint-Marcelin.

Il est à noter que, pendant tout le cours de la maladie, j'étais obligé de porter des lunettes de verre bleu ou un bandeau devant les yeux. Avant de faire la sainte communion, je quitte mes lunettes dont jusqu'à présent je n'ai jamais eu besoin de me servir. Après mon action de grâces, je remonte à ma chambre, je reprends le cours de mes études suspendues depuis six mois, et je n'ai point discontinué depuis ce temps-là; je n'ai jamais éprouvé aucun mal, et aujourd'hui j'exerce le saint ministère dans la paroisse de Saint-Blandin, diocèse de Grenoble et canton de Visieux. Cette guérison a été opérée en 1824; je pourrais apporter à l'appui de ce fait au moins mille témoins et le témoignage de plusieurs médecins qui connaissaient ma maladie, qui m'avaient soigné, et qui ont été dans le plus grand étonnement en apprenant ma guérison aussi prompte.

Fait à la Louvesc, le 28 août 1832.

DELLORCOUR, prêtre et curé de Saint-Blandin.

————

Je soussigné, Destenave, curé de Chatonay, arrondissement de Vienne, département de l'Isère, atteste, pour la plus grande gloire de Dieu et de son serviteur saint

Jean-François Régis, que la nommée Marguerite Rey, de ma paroisse, était retenue dans son lit depuis dix ans par une fièvre violente qui ne lui laissait aucun moment de repos. Cette infortunée, en proie aux souffrances les plus inexprimables, avait été abandonnée depuis longtemps des médecins, qui avaient employé inutilement pour sa guérison toutes les ressources de de leur art ; résignée à l'adorable volonté de Dieu, elle supportait ses souffrances non-seulement sans se plaindre, mais encore avec la plus sincère et la plus grande édification, pour tous ceux qui allaient la visiter ou recueillir les consolations dont ils avaient besoin. Vers la fin du mois de mai, animée d'une tendre confiance, elle avait eu recours à la protection de saint Jean-François Régis, et dès ce moment la fièvre commença à diminuer. Alors elle manifesta le désir d'être transportée à la Louvesc, où elle était assurée, disait-elle, d'obtenir sa guérison ; mais craignant qu'elle ne pû supporter ce voyage, nous cherchâmes mon vicaire et moi, à l'en détourner ; ce-

dant à la fin à ses instances réitérées, elle
y a été transportée le 10 du mois de juin,
et déposée dans l'église le 12. Au moment
où l'on allait commencer le saint sacrifice,
trois personnes qui l'avaient accompagnée,
ainsi que tous les assistants, crurent qu'elle
touchait à ses derniers moments, et qu'il
fallait en conséquence l'emporter hors du
lieu saint; la malade, malgré la violence
du mal, manifesta le désir d'entendre une
seconde messe, pendant laquelle son état
fut le même jusqu'à l'élévation : à ce moment une voix intérieure se fit entendre,
qui lui ordonnait de se lever et de se pro-
sterner avec les autres fidèles, ce qu'elle fit
aussitôt au grand étonnement de tous les
assistants. A la communion elle fut entièrement délivrée de ses souffrances, et alla à la
sainte table recevoir le Dieu si plein de bonté
pour elle. De retour à Chatonay, le dimanche suivant toute la paroisse a été témoin du
miracle qui s'était opéré en sa faveur, et
chacun avait les yeux fixés sur celle qui depuis si longtemps n'avait pu venir adorer le
Dieu trois fois saint. La joie et l'admiration

se peignaient sur tous les visages. Depuis ce moment, elle n'a eu aucun accès de fièvre, ses forces vont toujours en augmentant, quoiqu'elle soit encore un peu faible. Enfin, la paroisse de Chatonay, dont la population s'élève à trois mille habitants, peut attester sa guérison après avoir été témoin de ses souffrances, et on ne peut sans doute l'attribuer à aucune cause naturelle, puisque pendant dix ans les moyens employés pour lui procurer quelque soulagement sont toujours restés sans effet.

Sa foi vive, son ardent amour pour Jésus-Christ, sa résignation à sa sainte volonté, lui ont certainement mérité une faveur qu'elle n'attendait plus même des hommes les plus habiles. La gloire de Dieu et la reconnaissance m'obligent, en ma qualité de pasteur de la paroisse de Chatonay, de rendre témoignage authentique du miracle qui s'est opéré en faveur de la malade. En foi de quoi j'ai signé ce procès-verbal, dont le double sera envoyé à Mgr l'évêque de Grenoble, et ont signé avec moi M. Meyari, vicaire de la paroisse, et plusieurs habitants., non ladite Marguerite Rey, pour ne savoir.

A Chatonay, le 12 juillet 1833.

Signé Destenave, curé; Meyari, vicaire; S. Eynard, fabricien; Defassion, fabricien; Ductrene, adjoint; Mognat, notaire; Pichat, Brunet, instituteur, etc.

Vu pour la légalisation des signatures ci-dessus apposées, le 17 juillet 1833.

† PHILIBERT,
Evêque de Grenoble.

———

Marie-Angélique Marsillac, née et domiciliée à Saint-Geniez, était atteinte depuis longtemps d'une cruelle maladie qui l'avait privée presque entièrement de l'usage de ses membres; le médecin qui lui donnait ses soins cherchait uniquement à soulager un peu ses douleurs, n'ayant aucun espoir de la guérir. Après dix années de souffrances elle fit vœu d'aller à la Louvesc visiter le tombeau de saint Jean-François Régis, si

Dieu lui rendait la santé ; elle éprouva aussitôt un mieux considérable. Dans quelques jours elle parut dans les rues, au grand étonnement de tout le monde, et fut bientôt après en état d'accomplir son vœu. Elle a fait trois fois et à pied le chemin de Saint-Geniez à la Louvesc, et continue à jouir d'une bonne santé ; c'est ce que peuvent certifier tous les habitants de cette ville.

Saint-Geniez, 15 septembre 1833.

Tury, vicaire.

———

Les Nonnières, le 20 juin 1834.

Monsieur le curé, je dois, pour la gloire de Dieu et l'accroissement de la dévotion envers saint Régis, vous faire connaître la guérison miraculeuse qu'une fille de ma paroisse a obtenue par l'intercession de ce saint.

Anne Fustier fut atteinte d'une maladie extraordinaire à la fin du mois de novembre, et elle fut guérie miraculeusement par l'intercession de saint Régis, de la manière que je vais rapporter. Cette enfant éprouvait des convulsions affreuses qui lui ont ôté successivement l'usage de tous ses membres : ces attaques étaient si fréquentes qu'en certains jours elle en prenait jusqu'à quarante. Je lui administrai les sacrements, dans la crainte qu'elle ne succombât à la violence de la maladie : plusieurs médecins qui l'ont vue lui ont donné quelques remèdes qui ne lui ont procuré aucun soulagement; un d'entre eux a déclaré que la maladie était incurable, et la manière d'agir des autres annonçait assez qu'ils n'étaient pas éloignés de ce sentiment. Au commencement du mois d'août 1833, cette enfant prit une attaque qui la priva entièrement pendant trois mois de l'ouïe et de la parole. Elle avait vu dans ma chambre une statue de saint Régis; elle me fit connaître par signes qu'elle désirait entrer dans ma chambre. L'y ayant introduite, elle se prosterna devant saint Régis, et elle resta longtemps dans cette attitude respectueuse : elle vint plusieurs fois répéter le même exercice. A.

la fin, elle fait connaître à ses parents , en leur montrant quelques images de saint Régis , qu'elle désirait aller à la Louvesc. Elle part avec sa mère , elles arrivent fort avant dans la nuit : le lendemain elles assistent à la Messe qui se dit à l'*Angelus*, et un moment avant la consécration , elle dit à sa mère : Oh ! ma mère, je parle. Telles furent les premières paroles qu'elle prononça , et depuis cette époque elle n'a plus ressenti la moindre atteinte de cette maladie. Pour témoigner au bon Dieu leur reconnaissance pour un si grand bienfait, elles y firent une neuvaine qu'elles terminèrent à la fête de tous les Saints. Ces deux mêmes personnes sont les porteuses de la présente : vous pouvez les interroger et ajouter foi à ce qu'elles vous diront : elles ont de la piété. Si j'ai tant tardé de vous donner connaissance de cette guérison, que je regarde comme miraculeuse, c'est que je voulais auparavant bien m'assurer de la vérité.

Votre très humble et dévoué serviteur,

R. Baumèan.

Je soussigné Jean-Antoine Allier, propriétaire, habitant au chef-lieu de la paroisse du Roux, au diocèse de Viviers, atteste que, en 1831, Rose Ceyle, mon épouse, fut atteinte d'un mal à la jambe et à la cuisse gauche, qui fut si violent qu'elle ne pouvait se remuer. On employa plusieurs remèdes, tous furent inutiles. Je vouai pour elle à saint François Régis, que, si Dieu la guérissait par l'intercession de ce grand saint, elle irait faire sa dévotion à la Louvesc, faire dire trois messes trois ans durant, et laisser la présente déclaration. Nous nous sommes acquittés de tout, excepté de ce dernier article. Le mal l'a reprise deux fois, nous avons toujours renouvelé le vœu, en y ajoutant un second voyage, sept messes, faire le deuil toute la vie. Maintenant nous avons tout accompli : elle ne ressent aucun mal.

Ainsi je tiens cette guérison pour miraculeuse, ne pouvant l'attribuer à aucune cause naturelle. La reconnaissance m'oblige d'en rendre un témoignagne authentique.

Signé de ma main, au Roux, le 15 juin 1836.   ALLIER.

Rose Laguet, née le 12 mars 1823, à Rozas, canton de Saint-Félicien, diocèse de Viviers, était malade depuis sept ans, et depuis près de cinq ans elle était tellement privée de l'usage de ses jambes qu'il lui était absolument impossible de se tenir debout : elle ne pouvait même changer de position sans le secours de bras étrangers. On la porta à la Louvesc au mois de septembre 1837, pour y obtenir de saint François Régis ce que l'art et les remèdes n'avaient pu faire. Le public l'a vue, tous les jours de sa neuvaine, portée entre les bras de sa mère, dans l'église, où elle demeurait constamment assise au lieu où on la déposait. Le samedi 23 septembre 1837, pendant la prière du soir à laquelle elle assistait à l'église, elle se trouva extrêmement fatiguée et toute couverte d'une sueur abondante. Sa mère, la voyant dans cet état, voulut l'emporter; mais quel ne fut pas son étonnement lorsque la malade répondit qu'elle pourrait bien s'en retourner elle-même ! En effet, elle se leva, et, appuyée sur le bras de sa mère, elle traversa tout le bourg pour se rendre à son logis. Le dimanche, le lundi et le mardi, elle continua à marcher, aidée toujours par quelqu'un. Le mercredi, 27 du même mois, elle alla avec sa mère, qui lui donnait le bras, à la fontaine de saint François Régis, éloignée de dix minutes du bourg. Elle pria à genoux devant la croix, puis elle lava ses jambes dans la fontaine. Elle se lève, dit qu'elle n'a plus besoin de personne, et revient en effet avec toute l'agilité d'une jeune fille de quinze ans. Depuis ce moment elle n'a plus rien ressenti de sa faiblesse et de sa longue infirmité. D'ailleurs ce prodige, que peuvent attester tous les habitants de Bozas et de la Louvesc, et les nombreux pélerins, est de plus confirmé par un témoignage authentique de M. le curé de Bozas.

Je soussigné ai l'honneur de certifier connaître Marie-Rose Laguet, fille d'Etienne et de Rose Blanchon, née le 12 mars 1823.

Je l'ai connue en 1829, elle était d'une frêle santé. En 1833, le 13 février, elle s'alita, et dès ce jour elle ne put faire usage de ses jambes. La maladie empira, et on craignit pour ses jours. Le danger me détermina à la faire communier, quoique bien jeune. Depuis lors je lui ai porté plusieurs fois le très Saint-Sacrement à domicile. Quelquefois ses parents l'ont apportée à l'église à grand'peine pour y remplir ses devoirs de chrétienne, ce qu'elle a fait avec beaucoup d'édification les premiers jours d'août. Elle fut portée sur une monture à Saint-Victor, pour y recevoir le sacrement de confirmation des mains de Mgr l'évêque de Valence. Tout le monde fut témoin que son oncle, Régis Blanchon, la soutenait pendant la cérémonie, puisqu'elle ne pouvait pas plus se servir de ses jambes qu'un enfant de deux jours. Après être restée dix-huit jours à la Louvesc, je l'ai vue revenir, le 4 du courant, montant un chemin rapide et pierreux. Les deux jours suivants elle est venue à pied entendre la sainte Messe à une distance d'environ demi-lieue de son domicile. Elle continua d'aller mieux, sans avoir fait d'autres remèdes que ceux de sa dévotion à saint François Régis.   REYNAUD, curé.

———

Nous ne connaissons pas de conclusion plus naturelle et plus juste de ce précis historique que le chapitre XLIV de l'Ecclésiastique; on le dirait inspiré au fils de Sirac comme éloge prophétique de saint Jean-François Régis; du moins il lui convient comme s'il avait été composé pour sa gloire.

« Louons ces hommes illustres, nos véné-
» rables ancêtres, nous qui sommes leurs
» enfants; le Seigneur dans sa magnificence
» les a glorifiés de siècle en siècle. Eminents
» par la puissance de leurs œuvres, grands
» par leurs vertus, ornés de prudence, ils
» ont parlé avec l'autorité des prophètes,
» et gouverné les peuples par la sagesse de
» leur doctrine; hommes vraiment riches
» des trésors de la grâce, avec l'amour du
» vrai et du beau, et toujours pacifiques au

» milieu de leurs frères. Ils ont traversé les
» générations environnés du cortége des
» éloges que leur décernaient leurs con-
» temporains ; c'est à ceux qui succèdent à
» continuer ce chœur de louanges. Ils ne
» ressemblent pas à ces hommes dont la
» mémoire ne reste pas, qui meurent tout
» entiers, et que leurs enfants semblables à
» eux ne feront jamais revivre. Nos justes,
» au contraire, sont des hommes miséricor-
» dieux dont les œuvres charitables sont
» immortelles, dont les bienfaits passent
» par succession à leur postérité, et leur
» postérité, sainte comme eux, se conserve
» fidèle dans l'alliance du Seigneur ; c'est
» pourquoi leur nom et leur gloire ne péri-
» ront jamais. *Leurs corps eux-mêmes,*
» *ensevelis dans la paix du Seigneur,*
» *feront vivre leur mémoire de génération*
» *en génération.* Que les peuples racon-
» tent donc leur sagesse, et que l'assemblée
» des justes publie hautement leurs lou-
» anges. *Sapientiam ipsorum narrent*
» *populi, et laudem eorum nuntiet*
» *ecclesia.* »

————◦◦◦◦◦◦◦◦◦◦◦◦◦◦◦◦◦◦◦◦◦◦◦◦◦————

PÉLERINAGE. — NEUVAINES.

————◆————

Les principales dévotions instituées en l'honneur de saint J.-F. Régis, et que l'Eglise a approuvées, sont : 1° Le Pélerinage ; 2° la Neuvaine ; 3° les dix vendredis ; 4° l'habit ou le deuil de saint J.-F. Régis. Nous donnerons successivement une explication suffisante de l'esprit et des pratiques de ces quatre dévotions, afin que le pieux fidèle puisse en recueillir les fruits qu'il en attend, et qu'elles doivent produire.

LE PÉLERINAGE.

Dans le langage de la religion, le pélerinage est un voyage de dévotion à un lieu consacré par quelque monument ou souvenir religieux. Les pélerinages sont aussi anciens que le christianisme, et les premiers fidèles, après avoir visité le tombeau de J.-C. et les autres théâtres des principaux événements de sa vie, visitèrent aussi les tombeaux de Pierre et de Paul, et bientôt après ceux des martyrs et des thaumaturges, pour célébrer leur mémoire; c'est ce concours qui donna lieu aux premières foires régulières.

Une personne qui a de l'instruction et de l'expérience sait bien que la foi et la piété des peuples ont besoin d'être aidées par les sens pour se fortifier et se développer; or, la vue des reliques d'un saint, des instruments de son martyre ou de sa pénitence, des lieux qu'il a sanctifiés, du tombeau où il repose, font naturellement une impression plus durable et plus vive que d'en entendre parler.

Et puis l'homme ne doit-il pas à Dieu ce culte extérieur et public par reconnaissance, et pour l'édification? Aussi les pélerinages ont lieu chez les nations idolâtres et superstitieuses comme chez les chrétiens; les prêtres et les moines n'ont pas à s'en occuper, les peuples ont pris l'initative sans aucune autre impulsion que celle de leur confiance et de leur admiration, et les évêques ont approuvé quand ils n'ont pas vu des désordres et des abus. Oh! combien ces pélerinages furent protecteurs et civilisateurs pendant la durée du gouvernement féodal, où ils conservèrent la liberté des communications en rendant la personne du pélerin inviolable et sacrée!

Ces réflexions trouvent une juste application dans le pélerinage au tombeau de saint J.-F. Régis à la

Louvesc , et des grâces innombrables de guérison, de conversion , de consolation , ont bien justifié la confiance des pélerins , mais toujours en proportion des dispositions qu'ils y apportent.

La première disposition est de bien former son intention , de savoir et de déterminer la grâce qu'on veut obtenir , moins cependant pour attirer et plier la volonté de Dieu à la nôtre que pour connaître la sienne et y conformer la nôtre. Voilà l'objet de toute bonne prière.

La seconde disposition est un sentiment de ses besoins intimes et réfléchis , puis une foi ferme et une confiance inébranlable qui s'appuient sur la puissance et la bonté de Dieu envers sa créature, et aussi sur la médiation du saint protecteur que l'on invoque : tels sont les motifs de la confiance chrétienne, qui ne sera jamais trompée , si elle est persévérante dans sa prière.

Pour alimenter cette foi et cette espérance pratiques, le pélerin ferait bien de lire, avant ou pendant le voyage, un abrégé de la vie du saint. Cette occupation sauverait l'âme de la dissipation, et sanctifierait également les fatigues ou les plaisirs du pélerinage.

Arrivé au terme du voyage, le pélerin pieux ira faire une première visite à Dieu, au tombeau du saint, pour le remercier de son heureux voyage ; ou il se hâtera , selon les circonstances, de se choisir un logis convenable. Il ferait bien , s'il le pouvait, d'être déjà fixé avant d'arriver.

— 90 —

Les pratiques les plus ordinaires de piété sont
la récitation des litanies du saint, l'assistance à la
sainte Messe, le *réméage* ou vénération des saintes
reliques, une visite à la fontaine du saint Père, où
plusieurs pélerins ont recouvré la santé, une autre
à la maison ou *Cheminée Baudy*, où le saint habi-
tait, et où il fut porté quand il se trouva mal à
l'église ; mais les plus importantes, comme les plus
fructueuses, sont la communion et la prière du
cœur, ou la demande vive et persévérante de la
grâce qu'on est venu chercher au tombeau du
saint. On n'oubliera pas de réciter, pour gagner
l'indulgence plénière, les cinq *Pater* et *Ave*, selon
les intentions du Saint-Père.

L'expérience a montré que la plupart des grâces
extraordinaires sont obtenues pendant la célébration
de la Messe.

LES NEUVAINES.

On peut faire les neuvaines à saint J.-F. Régis,
non-seulement à son tombeau, mais partout ailleurs. Dans tous les cas, les exercices qu'il convient
de faire, encore que l'autorité ecclésiastique n'en
prescrive aucune spécialement, sont la récitation
quotidienne des litanies du saint, la méditation ou
du moins la lecture des réflexions ici recueillies,
une pour chaque jour, et puis une des oraisons
distribuées également pour tous les jours de la neuvaine.

On fera très bien, s'il est possible, d'assister tous les jours à la Messe en l'honneur du saint, pour solliciter plus vivement la grâce dont on a besoin; mais, avant tout, il faut se confesser et communier une fois dans la neuvaine, au commencement ou à la fin, et même plusieurs fois si le confesseur le permet.

C'est ici qu'il faut avoir de la constance dans la prière, puisque la grâce souvent n'est accordée que le dernier jour de la neuvaine, et au dernier exercice. N'oublions pas que la grâce qui résume toutes les autres, c'est de faire la volonté de Dieu sur la terre comme au ciel, dans l'adversité comme dans la prospérité.

LA NEUVAINE.

SUJETS DE MÉDITATIONS POUR TOUS LES JOURS DE LA NEUVAINE.

PREMIER JOUR.

HUMILITÉ DE SAINT J.-F. RÉGIS.

L'humilité, qui faisait l'essentiel et comme le fond du chrétien, fut aussi la vertu singulière qui caractérisait saint Jean-François Régis ; et c'était là, si j'ose m'exprimer ainsi, comme le coin auquel il semblait être marqué.

Le premier degré de l'humilité chrétienne, c'est de fuir et de craindre l'honneur et la distinction. Notre apôtre délibéra longtemps s'il ne renoncerait point aux ordres sacrés, pour demander à n'être appliqué qu'aux offices domestiques ; il n'oublia rien pour faire disparaître aux yeux des hommes ses talents, ses vertus, et toutes les faveurs dont le Ciel le comblait. La moindre louange le déconcertait, il savait l'art de se dérober la gloire de ses miracles ; et il disait souvent que ce serait le plus grand de tous les miracles, si Dieu se servait de lui pour en faire un.

Le second degré de l'humilité, c'est de ne point craindre le mépris, de ne pas le fuir, et de ne jamais s'en plaindre. Notre saint parut toujours insensible aux injures, aux affronts, aux reproches les plus amers. Calomnié mille fois, chargé cent fois d'outrages sanglants, il ne lui échappa jamais ni plainte ni excuse; il ne marqua jamais aucune altération; il prétendit toujours qu'on lui avait fait grâce de quelque chose; et il se regarda toute sa vie, avec saint Bernard, comme un vermisseau qu'on peut écraser impunément.

Le troisième degré de l'humilité, c'est d'avoir du goût pour les humiliations, et de les aimer. Saint J.-F. Régis en fit ses plus chères délices; il les regardait comme le plus riche trésor des chrétiens, et comme les livrées de Jésus-Christ, qui a attaché à la grandeur un caractère de réprobation, et qui est devenu, selon l'expression de Tertullien, l'éloge le plus parfait de l'humiliation et du néant, *ignobilitatis elogium.*

RÉFLEXIONS

SUR L'HUMILITÉ CHRÉTIENNE.

L'homme, de son fonds, est méprisable et haïssable. Il est méprisable par son néant, il est haïssable par son péché. Nulle autre religion que la nôtre n'apprend à l'homme à se mépriser et à se haïr. L'humilité, qui est, selon saint Augustin, la connaissance et l'amour de notre néant, est une vertu toute chrétienne d'origine, une vertu étrangère parmi les païens, qui n'en ont pas même connu le nom, et qui n'a pris naissance que dans la crèche de Jésus-Christ. Quand je me compare au Dieu que j'adore, je me trouve comme absorbé et comme englouti dans son immensité, dit le même Père : sa grandeur sans bornes me réduit à un atome, à un point; encore ce point est un point dépendant, un point emprunté, qui semble s'enfuir et se détacher de moi pour se rendre à son centre, et pour se réunir à son principe : mais quand je me compare à ce même Dieu anéanti pour mon salut, alors je ne sais plus où me placer, et le néant même ne me paraît plus assez bas pour me recevoir, depuis qu'il est devenu le partage de celui que j'adore ; *exinanivit semetipsum.*

Voilà les sentiments que nous inspirent notre religion, qui, étant la religion d'un Dieu anéanti, n'est par conséquent qu'une école perpétuelle d'humilité, *officina humilitatis,* comme parle Tertullien. La foi, qui fait le ffondement du christianisme, est une humilité qui captive l'orgueil de notre raison sous le joug de la parole divine. L'espérance est une humilité qui, me faisant défier de mes propres forces, me fait appuyer uniquement sur les secours de Dieu. La charité est une humilité qui, m'arrachant à mon amour-propre, et me faisant compter le plaisir et la peine pour rien, me détache de moi-même pour ne m'attacher plus qu'à Dieu seul ; et la grâce enfin, digne fruit du Sauveur anéanti, suit toujours, dit saint Augustin, les inclinations de son divin auteur, et ne couronne jamais que les humbles.

Ce n'est qu'à ces vrais humbles de cœur que Dieu se communique, et ce n'est qu'à eux seuls qu'il confie le soin de sa gloire, parce qu'il ne craint pas qu'ils veuillent la partager avec lui. Ce n'est qu'à eux qu'appartient le royaume des cieux, parce qu'ils sont semblables à ces petits enfants qui sont sans hauteur, sans fierté, sans chagrin et sans envie, et que le Sauveur du monde laissait seuls approcher de lui.

Ces vrais humbles de cœur ne se contentent pas de connaître leur néant; mais ils l'aiment sincèrement après l'avoir connu. Ce n'est pas assez pour eux de dire avec saint François : *Qui es tu, Domine, et quis ego sum ?* Qui êtes-vous, ô mon Dieu! et qui suis-je? de dire avec une sainte Catherine de Sienne : Vous êtes, ô mon Dieu! celui qui est, et moi je suis celle qui n'est pas : *Tu es qui es, ego sum qui non sum;* et de dire avec un saint Augustin : *Noverim te, noverim me;* Que je vous connaisse, ô mon Dieu! et que je me connaisse! Mais ils savent encore, dans la pratique, assortir leur conduite à ces grands sentiments; il savent dépouiller leur volonté, et renoncer à leurs idées pour suivre celles d'autrui; ils sont ravis de voir que l'on oublie leurs services, que l'on compte pour rien leurs suffrages, et qu'on traverse leurs desseins; parce qu'ils sont toujours les premiers à s'oublier eux-mêmes, et qu'ils ne veulent jamais trop ce qu'ils veulent, lors même qu'ils ne veulent rien que de juste, de bon et de saint; et voilà le grand secret pour conserver sa tranquillité au milieu des contradictions et malgré les contradicteurs.

Et pour donner les derniers traits à ce caractère, que je n'ai si fort étendu que parce qu'il convient singulièrement à l'apôtre de nos climats et de nos jours, le véritable humble de cœur sait, avec le saint Roi, conserver un esprit de paix avec ceux mêmes qui sont les plus opposés à la paix : *cum his qui oderunt pacem eram pacificus.* Il les regarde, avec Jésus-Christ, comme des roseaux brisés qu'il ne faut pas achever de rompre, et comme des tisons fumants dont il vaut mieux souffrir la fumée que d'achever d'éteindre le peu de lumière qui leur reste : *arundinem quassatam non refringet, et lignum fumigans non extinguet.*

Récitez la prière, page 109.

SECOND JOUR.

SON TENDRE AMOUR POUR LES PAUVRES.

Un de ses caractères les mieux marqués fut une tendresse sans bornes pour les pauvres; et s'il regardait les autres hommes comme les images de Dieu, il regarda toujours les pauvres comme les membres vivants de Jésus-Christ même ; il se dévoua toute sa vie à les secourir, à les soulager, à les servir, à les instruire : aucun d'eux n'échappait à son ingénieuse et infatigable charité : il semblait comme se multiplier et se reproduire en leur faveur. Ce n'était qu'au milieu des malheureux qu'on le voyait s'épanouir et se délasser de ses fatigues apostoliques. Les ministères les plus bas, les services les plus abjects, l'infection la plus horrible, faisaient ses délices les plus exquises : et si son zèle lui a acquis à si juste titre le nom d'*apôtre de nos jours*, sa charité lui a fait donner le beau nom de *père des pauvres*, dont il fut toute sa vie l'agent, le refuge et le consolateur.

RÉFLEXIONS

SUR LA CHARITÉ ENVERS LES PAUVRES.

Saint Chrysostôme, qu'on nomme le prédicateur de l'aumône par excellence, a dit cent fois qu'il faut bien que l'aumône soit un précepte rigoureux et non pas un simple conseil, puisque les impies, selon la parole de Jésus-Christ, seront réprouvés pour ne l'avoir pas faite, et qu'un simple conseil ne peut être un titre de réprobation. La raison de cet arrêt, continue le même Père, c'est que Dieu, qui est le souverain maître de tous les biens, n'a établi les riches sur la terre qu'à titre onéreux, c'est-à-dire afin qu'ils paient aux pauvres le tribut qu'ils doivent à Dieu même ; et qu'ainsi les riches soient les substituts et les ministres de la Providence, comme les pauvres, si j'ose m'exprimer ainsi avec saint Pierre Chrysologue, sont comme les receveurs des droits et du domaine de Dieu.

Si Dieu a établi une si grande inégalité dans les conditions, c'est pour sanctifier le riche par la charité, et le pauvre par la patience. Mais, pour tempérer cette inégalité, il a mis les pauvres à sa place, et il leur a abandonné tout le superflu des riches comme un droit qui lui appartient; et qu'il ne veut recueillir que par leurs mains. Sur ce principe, saint Ambroise conclut qu'un riche qui refuse l'aumône est un sujet rebelle qui refuse de payer le tribut à son roi, et qu'il n'est pas moins coupable que celui qui enlève le bien d'autrui.

Récitez la prière, page 109.

TROISIÈME JOUR.

SA CONFIANCE EN DIEU ET SA RÉSIGNATION.

On ne vit peut-être jamais une confiance en Dieu plus héroïque que celle de saint François Régis. Assuré par mille prodiges de l'infaillible protection du Ciel, il ne se rebuta jamais, ni par la peine, ni par les contradictions, ni par les impossibilités apparentes : tout se tournait selon ses désirs, tout s'aplanissait de soi-même, lorsqu'il s'y attendait le moins. Son compagnon frémissant quelquefois d'horreur, lorsqu'au fort d'un rigoureux hiver il fallait franchir des montagnes inaccessibles, couvertes de neiges, traverser des torrents impétueux, et marcher jour et nuit sur le bord des précipices, il le rassurait par ces paroles de David, qu'il répétait souvent : *Le Seigneur veille à ma conservation; qu'est-ce que je craindrais? Le Seigneur est le défenseur de ma vie ; les plus grands périls ont-ils de quoi m'étonner?* On voulut lui faire un scrupule de ce qu'il ruinait sa santé par un travail excessif, et de ce qu'il n'usait d'aucun soulagement pour réparer ses forces épuisées par tant de fatigues : *J'ai souvent éprouvé,* répondit-il, *que la Providence a une attention particulière sur ma vie : peut-elle être en de meilleures mains qu'en celle du meilleur et du plus charitable de tous les pères?* Il fut averti cent fois qu'on en voulait à sa vie. *Je suis,* répondit-il sans s'émouvoir, *sous la sauvegarde de la Providence; quel mal peuvent me faire les hommes ?*

RÉFLEXIONS

SUR LA CONFIANCE EN DIEU.

La véritable force ne peut se trouver que dans notre sainte religion, où la défiance de soi-même établit la confiance en Dieu, avec lequel on peut tout, et qui n'agit pour l'ordinaire que sur le néant. Le vrai fidèle est le seul magnanime, et par conséquent le seul intrépide et le seul inébranlable; parce qu'il sait bien, dit saint Augustin, *que sous un Dieu tout-puissant, bon et juste, nul ne peut être ni abandonné ni malheureux, s'il ne veut l'être.* Il sait que Dieu ne nous frappe jamais en ce monde que pour une de ces trois fins : ou pour nous purifier de nos péchés, ou pour éprouver notre fidélité, ou pour couronner notre vertu : *ad pœnitentiam, ad probationem, ad coronam.* Le fidèle, pénétré jusqu'au fond de l'âme de cette vérité, reçoit avec joie les croix et les prospérités de la main du même maître ; il adore la main qui le frappe avec le même amour que celle qui le console ; et il ne connaît point d'autres véritables maux dans cette vie que ceux qui le séparent de son Dieu.

Récitez la prière, page 109.

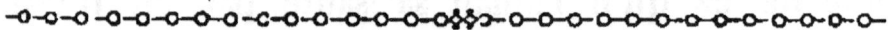

Récitez la prière, page 109.

‑o‑o‑o‑o‑o‑o‑o‑o‑o‑o‑o‑o‑o‑o‑❖‑o‑o‑o‑o‑o‑o‑o‑o‑o‑o‑o‑o‑o‑

QUATRIÈME JOUR.

SON RECUEILLEMENT ET SON UNION AVEC DIEU.

Son recueillement était si profond et si continuel, qu'il semblait que toutes les créatures disparaissaient devant lui, et que la majesté divine se rendait comme visible à ses yeux. Les moindres objets qui réveillaient dans lui l'idée de Dieu, le transportaient de telle sorte qu'il en perdait l'usage des sens. Souvent même, en prêchant, la parole lui manquait tout-à-coup ; mais ses yeux et son visage enflammés parlaient un langage éloquent qui pénétrait ses auditeurs. Revenu de ces divins ravissements, il commençait à parler de Dieu, mais avec l'air et l'enthousiasme d'un prophète, et avec un feu et une impétuosité qui le rendaient maître des cœurs. Lorsqu'il traversait les rues, on sortait des maisons pour le voir passer, et on disait que ce n'était pas un homme, mais un ange revêtu d'une chair mortelle. *Il me semblait, en le voyant*, disait le comte de La Mothe, *qu'il n'agissait plus par son propre esprit, mais par une impression divine ; qu'il y avait une vertu intérieure et surnaturelle qui le faisait agir, et que Dieu, ou plutôt l'amour de Dieu, était comme l'âme de son âme.*

RÉFLEXIONS

SUR LE RECUEILLEMENT ET LA PRIÈRE.

Le conseil que le Sauveur nous donne, lorsqu'il nous avertit de prier toujours et ne point nous relâcher dans nos prières, *opportet semper orare, et non deficere*, est pour nous le conseil le plus salutaire, dit saint Jean-Chrysostôme, puisque, contre un ennemi qui ne nous laisse point de relâche, il faut aussi un secours sans interruption. Mais voici dans quel sens il faut prendre ces paroles, continue ce Père : c'est qu'il n'y a rien dans un chrétien qui ne puisse, s'il veut, lui tenir lieu de prière. Le chrétien prie dans son travail, quand il l'offre à Dieu, et qu'il l'assaisonne de temps en temps par la prière ; il prie dans ses souffrances, quand il les endure avec patience, et qu'il a soin de les unir à celles de Jésus-Christ ; il prie dans ses tentations, quand il résiste ; il prie dans ses distractions mêmes, quand il combat, puisque, au sentiment de ce Père, et de saint Augustin après lui, la douleur de ne pas bien prier est une excellente prière.

Récitez la prière, page 110.

CINQUIÈME JOUR.

SA MORTIFICATION EXTÉRIEURE.

Le plus charitable de tous les hommes manqua toujours de charité et de pitié pour lui-même. Il ne quitta jamais le rude cilice dont il était revêtu ;

ses reins était ceints d'une chaîne hérissée de pointes, dont il faisait plusieurs tours : son jeûne était continuel : le pain le plus grossier, l'eau, et quelquefois un peu de lait, et d'herbes sans assaisonnement, faisaient toute sa nourriture. Dans ses dernières missions, pour n'être à charge à personne, il portait sur son dos, dans un petit sac, un peu de farine qu'il détrempait avec de l'eau. Il reposait tout au plus trois heures dans les colléges ; mais dans les missions, une ou deux heures de sommeil lui suffisaient. Le comte de La Mothe, qui fut le fidèle témoin de sa vie, disait souvent que ce que le père Régis souffrait était au-dessus des forces humaines, et qu'il n'y avait qu'une vertu divine et qu'un miracle continuel qui pût le conserver.

RÉFLEXIONS

SUR LA MORTIFICATION DES SENS.

C'est une dangereuse illusion de s'imaginer, avec Calvin, qu'afin que notre pénitence soit agréable à Dieu il suffit qu'elle soit dans le cœur, et qu'elle nous rende meilleurs pour l'avenir. Il faut encore, dit saint Ambroise, qu'elle nous fasse expier le passé, puisqu'il ne suffit pas, dit ce Père, de ne point contracter de nouvelles dettes, si on ne s'acquitte encore des anciennes. Il faut, continue saint Ambroise, qu'elle nous fasse crucifier notre chair avec saint Paul, puisque cette chair mortelle est devenue une chair de péché, *corpus peccati*; puisque c'est dans cette chair mortelle qu'a régné le péché, et que la pénitence doit régner partout où a régné le péché. C'est dans ce corps mortel que nous devons, dit l'Apôtre, remplir ce qui manque dans nous à la passion du Sauveur; et quoique le mérite et la vertu de la pénitence soient proprement dans le cœur, l'usage et l'exercice doivent en être dans le corps, suivant cette parole du même apôtre : *Castigo corpus meum.*

Récitez la prière, page 110.

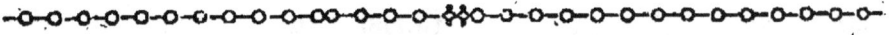

SIXIÈME JOUR.

SA MORTIFICATION INTÉRIEURE.

Le serviteur de Dieu s'appliqua, dès ses premières années, à se vaincre en tout, et par la violence qu'il se fit il devint maître de lui-même jusqu'à prévenir les premiers mouvements et les surprises mêmes de l'amour-propre. Les événements les plus imprévus ne faisaient plus impression sur lui. Il soutint les plus mauvais traitements, et les injures les plus atroces, sans qu'il s'élevât jamais ni le moindre orage dans son cœur, ni le moindre nuage sur son front. Enfin il posséda si bien son âme, selon la parole du Sauveur, que l'image même de la mort, si souvent présente à ses yeux, ne fut pas capable d'y causer la moindre altération. Il écoutait avec la même indifférence, et ceux qui condamnaient sa conduite, et ceux qui l'approuvaient : insensible à tout comme un homme mort ; ne désirant, ne craignant rien ; ne s'affligeant, ne se réjouissant de rien ; tant l'amour divin avait anéanti dans son cœur tout ce qu'il pouvait y avoir d'humain et de terrestre.

RÉFLEXIONS

SUR LA MORTIFICATION INTÉRIEURE.

Le vrai fidèle est celui qui est mort à toutes ses passions, pour ne vivre plus qu'à Jésus-Christ seul, comme dit saint Paul : *vivit vero in me Christus*. Pauvre d'esprit, humble de cœur, enseveli, quoique encore vivant, épuré de la contagion des sens, quoique encore environné d'une chair fragile, il vit dans ce monde comme s'il n'y était pas ; ayant toujours en main ce glaive que le Sauveur est venu porter sur la terre ; faisant chaque jour avec Job un pacte avec ses yeux pour ne point voir, avec ses oreilles pour ne point entendre ; avec toutes les puissances de son âme, et avec son imagination même, pour ne point être surpris ; se courbant à regret vers la terre, et se prêtant à peine aux besoins du corps, pour se relever aussitôt vers le Ciel par l'espérance, par la foi et par la charité ; usant de ce monde comme s'il n'en usait pas, *tanquàm non utantur* ; se regardant sur la terre comme un étranger qui ne prend nul engagement sur les lieux de son passage, *tanquàm advenas et peregrinos* ; se disputant les plaisirs les plus innocents, s'observant sans cesse, s'occupant à se combattre, à se contredire et à se vaincre, pour remplir ce qui manque dans lui à la passion de Jésus-Christ.

Récitez la prière, page 110.

SEPTIÈME JOUR.

SON ZÈLE POUR LA GLOIRE DE DIEU ET LE SALUT DES AMES.

On ne reconnaissait plus dans notre apôtre aucun vestige des passions humaines. La seule passion qui le dévorait était celle de faire connaître Dieu et de sanctifier le prochain. Insensible à tout le reste, il n'avait de vivacité que pour cela seul : il était plongé dans l'affliction la plus amère, lorsqu'il voyait offenser la divine majesté. Quoiqu'il fût, comme Moïse, le plus doux de tous les hommes, il était néanmoins redouté comme le fléau des blasphémateurs et des impies. *Enfoncez-moi votre épée dans le sein, plutôt que d'offenser ainsi votre Créateur,* disait-il un jour à un de ces libertins ; et il avoua à un de ses amis que la vie lui serait insupportable, s'il n'avait pas les moyens de sauver les âmes et d'étendre le royaume de Jésus-Christ.

RÉFLEXIONS

SUR LE ZÈLE DE LA GLOIRE DE DIEU.

Quand vous ne seriez dans toute votre vie que l'apôtre d'un seul homme, vous ne seriez pas en vain sur la terre, et vous ne lui seriez pas un fardeau inutile, puisque vous auriez du moins contribué en quelque chose à faire valoir le sang de Jésus-Christ, et à mettre à profit le prix de notre rédemption. Qui d'entre nous n'a pas sous sa main quelque pécheur à ramener, quelque libertin à réduire, quelque malheureux à consoler ? Qui ne peut affermir un homme chancelant dans sa foi, mécontent de la Providence, ou prêt à succomber sous le poids de ses disgrâces, ou sous la tyrannie de ses passions ? Qui ne peut être le guide de quelqu'un qui s'égare faute de conseil, ou qui se décourage et se perd faute d'appui ? et ce sont là, dit saint Grégoire, des aumônes qui valent encore mieux que celles qui mettent le pain dans la bouche des faméliques.

Récitez la prière, page 110.

HUITIÈME JOUR.

SA DÉVOTION ENVERS L'EUCHARISTIE.

La divine eucharistie fut toujours sa consolation, son asile, et toutes ses délices. C'est là qu'il conférait avec Jésus-Christ de la conversion des pécheurs; qu'il le consultait sur ses entreprises et sur ses doutes; qu'il s'enflammait de l'amour divin pour l'allumer ensuite dans les autres; c'est de là qu'il tirait toute sa force dans les périls et les persécutions. Il célébrait les saints mystères avec une dévotion si tendre et si ardente, qu'on croyait voir à l'autel non pas un homme, mais un séraphin; et bien des gens ont déposé qu'ils l'avaient vu en ce temps-là ravi hors de lui-même par de longues et fréquentes extases. Dans ses missions, après avoir travaillé tout le jour sans relâche, il passait une partie de la nuit ou dans l'église, ou prosterné devant la porte, et quelquefois couvert de neige. Le curé de Saint-Bonnet-le-Froid s'étant aperçu qu'il sortait secrètement de sa chambre toutes les nuits, voulut une fois savoir où il allait : et après l'avoir cherché quelque temps il le trouva devant la porte de l'église, à genoux, les mains jointes et la tête nue, malgré la rigueur de l'hiver et la bise violente qui soufflait. Toutes ses charitables remontrances n'ayant pu l'arracher de là, il lui donna la clef de

l'église, afin qu'il y fût au moins à couvert des injures de l'air.

RÉFLEXIONS

SUR LA DÉVOTION ENVERS LA SAINTE EUCHARISTIE.

Rien de plus consolant pour nous que cette admirable
parole d'un saint Père, que si l'eucharistie est, d'une part, le
mystère des merveilles, elle est, de l'autre, le sacrement des
miséricordes ; et que comme Dieu, tout-puissant qu'il est,
n'a rien pu faire de plus miraculeux, il n'a pu aussi nous
rien donner de meilleur, tout bon qu'il est par excellence.
Dans les autres sacrements, nous recevons la grâce et le
fruit de notre rédemption ; mais dans le sacrement de nos
autels, nous recevons l'auteur de la grâce et le rédempteur
lui-même. Dans l'incarnation, il nous a faits ses frères, et il
s'est donné à tous les hommes en général ; dans le baptême,
il nous a faits ses enfants ; mais dans l'eucharistie, il se
donne à chacun de nous en particulier ; il nous a fait ses
membres vivants ; il passe dans nous et nous passons dans lui,
dit saint Jean, *in me manet, et ego in illo* ; et il nous nourrit de sa chair, selon la promesse qu'il en a faite jusqu'à dix-
huit fois dans le Nouveau Testament.

Récitez la prière, page 111.

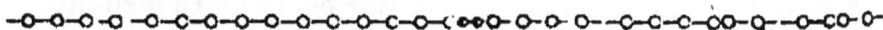

—o—o—o—o—o—o—o—o—o—o—o—o—o—o—(oeo—o—o—o—o—o—o—o—oo—o—o—co—o—

NEUVIÈME JOUR.

SA DÉVOTION ENVERS LA MÈRE DE DIEU.

Il fut pénétré, dès ses premières années, de
la piété la plus tendre envers la mère de Dieu,
et il fit profession toute sa vie de l'honorer d'un

culte spécial. C'était la dévotion qu'il recommandait avec le plus d'instance dans ses sermons, après celle que nous devons avoir pour Jésus-Christ lui-même. Mais il prenait grand soin d'inculquer aux peuples cette vérité, que le moyen le plus propre pour bien honorer la Reine des anges, c'est la sainteté des mœurs et l'imitation de ses vertus. Ce fut à cette singulière dévotion envers la mère de Dieu qu'il fut redevable de la rare faveur qu'il reçut à l'heure de sa mort : il vit Jésus et Marie qui lui apparaissaient, et qui l'invitaient à aller recevoir dans le ciel l'immortelle couronne de la gloire.

RÉFLEXIONS

SUR LA DÉVOTION ENVERS LA SAINTE VIÉRGE.

Interrogeons les saints Pères, qui sont les fidèles dépositaires de la tradition : ils nous diront unanimement que Jésus-Christ, expirant pour nous sur la croix, donna à saint Jean Marie pour sa mère, et que dans sa personne il la donna pour mère à tous les fidèles. Ils nous apprendront, avec saint Bernard, que, comme il est lui-même notre médiateur auprès de son père, par office, par nature, par justice et par rédemption, il veut que Marie soit notre médiatrice auprès de lui, par grâce et par intercession, et que nous allions par elle à lui, comme par lui nous allons à son Père, et comme par elle il est lui-même venu à nous. Ils nous diront que Marie, mère de Dieu par nature, et mère des fidèles par adoption, est doublement la mère de tous les hommes; et qu'il n'y a que les seuls réprouvés qui rougissent d'avoir la même mère que Jésus-Christ.

Ils nous apprendront qu'il était dans l'ordre que Marie eût, après Jésus-Christ, la meilleure part à la distribution des grâces, puisque Dieu lui a donné tant de part au grand œuvre de notre rédemption. Tout a commencé d'être par le *fiat* tout-puissant du Créateur, et tout a été racheté par l'heureux *fiat* d'une vierge : le premier *fiat* a donné ce monde visible, le second en a donné le maître et le réparateur ; et autant le Verbe divin est élevé au-dessus du monde, autant ce second *fiat*, par rapport à son effet, a-t-il d'avantage sur le premier. Mais comme le Sauveur n'a pu naître sans le premier consentement d'une vierge, il n'a pu consommer aussi le grand œuvre de notre salut sans un second consentement de cette même vierge ; et c'est de là, dit saint Bernard, que, tandis que le mystère d'un Dieu mourant et abandonné se consommait sur la croix, Marie se tenait debout au pied de cette même croix, pour marquer que c'était elle qui présidait à ce grand sacrifice, et qui dévouait pour nous son fils à la mort. Par là nous comprenons, dit le même saint Bernard, que comme le salut du genre humain a commencé par le consentement de Marie à la parole de l'ange, il fallait aussi, avant de le consommer, qu'elle donnât son consentement à la mort de son fils Jésus-Christ.

Récitez la prière, page 111.

Récitez la prière, page 111.

NEUVAINE DE PRIÈRES

A SAINT J.-F. RÉGIS.

PREMIER JOUR.

POUR DEMANDER L'HUMILITÉ.

Grand saint Régis, qui, au milieu des plus grandes merveilles que vous opériez, avez toujours conservé une humilité profonde, ne trouvant de goût que dans les humiliations, faites, par votre puissante intercession, que j'obtienne une vertu si nécessaire, et qui est la base de toutes les autres.

DEUXIÈME JOUR.

POUR DEMANDER LA FOI.

Grand saint Régis, qui avez toujours eu une foi vive et féconde en bonnes œuvres, obtenez-moi par vos prières une foi semblable : que je croie avec fermeté tout ce que je dois croire, et que je vive conformément aux grandes vérités, et selon les maximes de l'Evangile.

TROISIÈME JOUR.

POUR DEMANDER L'ESPÉRANCE.

Grand saint Régis, dont l'espérance a été inébranlable au milieu des plus grands dangers, et dans l'abandon même de toutes choses, obtenez-moi, je vous en supplie, cette consolante vertu : que ma confiance en Dieu soit plus parfaite, et que celle que j'ai en votre protection m'obtienne sans cesse de nouveaux secours.

Saint J.-F. Régis. 7

QUATRIÈME JOUR.

POUR DEMANDER LA CHARITÉ.

Grand saint Régis, qui avez été embrasé d'une charité parfaite, jusqu'à être obligé de supplier le Seigneur d'en modérer les divines ardeurs ; obtenez-moi une charité si ardente et si vive, un amour de Dieu si tendre, si généreux et si constant, que rien ne soit jamais capable de l'affaiblir, encore moins de l'éteindre ; et que, par votre puissante intercession, j'aie le bonheur de vivre et de mourir dans ce saint amour.

CINQUIÈME JOUR.

POUR DEMANDER LA MORTIFICATION.

Grand saint Régis, dont la vie a été une mortification continuelle, fidèle imitateur de Jésus crucifié, obtenez-moi la grâce d'aimer la croix comme le plus bel ornement de la vie chrétienne, et de mortifier si bien mes passions, qu'elles ne mettent point obstacle à mon salut.

SIXIÈME JOUR.

POUR DEMANDER LA PURETÉ.

Grand saint Régis, qui avez toujours été regardé comme un ange sur la terre par votre extraordinaire pureté, obtenez-moi par vos prières cette inestimable vertu, et une horreur extrême de tout ce qui pourrait souiller mon âme, afin que je serve mon Dieu dans un corps chaste avec un cœur pur.

SEPTIÈME JOUR.

POUR DEMANDER LE ZÈLE.

Grand saint Régis, vous dont le zèle semblait plus vaste que l'univers, vous qui ne respiriez que le salut des âmes, soyez touché des infirmités de la mienne ; faites qu'embrasé du zèle de ma perfection, je travaille efficacement à mon salut.

HUITIÈME JOUR.

POUR DEMANDER LA PATIENCE.

Grand saint Régis, qui, dénué de tous secours humains, épuisé de travaux, réduit aux dernières extrémités, chargé d'injures pour Jésus-Christ, avez conservé une patience inaltérable, obtenez-moi, je vous supplie, cette magnanime vertu et la grâce de faire usage des maux de cette vie.

NEUVIÈME JOUR.

POUR DEMANDER LA DÉVOTION A LA SAINTE VIERGE.

Grand saint Régis, qui dès vos premières années avez eu une si tendre dévotion à la sainte Vierge, la faisant singulièrement aimer et honorer, obtenez-moi la grâce d'aimer tendrement cette mère commune, et d'en être si fort aimé, qu'elle daigne me regarder toute ma vie comme le plus humble de ses serviteurs, et que j'aie le bonheur de l'avoir toute l'éternité pour ma bonne mère.

DÉVOTION DES DIX VENDREDIS.

Pour honorer les dix années de l'apostolat de saint F. Xavier, l'Eglise a autorisé une pratique par laquelle, pendant dix vendredis consécutifs, on adresse à Dieu, sous l'invocation de ce saint, des prières, afin d'obtenir par sa protection quelque grâce spéciale. Ce même culte, ce même honneur est rendu à saint J.-F. Régis, dont la carrière apostolique fut renfermée dans la durée de dix ans, comme celle de l'apôtre des Indes.

Les exercices seront les mêmes que ceux de la neuvaine; chaque vendredi on prendra les exercices d'un jour de la neuvaine, et le dixième on répétera les prières des neuf jours de la neuvaine.

DÉVOTION DU DEUIL OU DE L'HABIT NOIR, EN L'HONNEUR DE SAINT J.-F. RÉGIS.

Quelques fidèles ont la dévotion de prendre le deuil de saint J.-F. Régis, pour honorer les vertus de ce saint dont ce modeste vêtement est le symbole, et obtenir par l'imitation des mêmes vertus quelque grâce spéciale. Ce vœu n'a d'autre étendue ni d'autre force que celle que lui donne la volonté de la personne qui le fait ; elle règlera tout selon sa condition, ses occupations et les conseils de son confesseur, à qui elle demandera la permission de le porter.

L'habit doit être de laine, de couleur noire, de forme simple ; le reste de la toilette, la coiffure surtout, doit être analogue à l'habit.

L'usage est de le porter tous les jours, et au défaut de l'habit, si on ne peut le prendre, on se ceint du cordon noir de saint J.-F. Régis. On fait bénir le cordon et l'habit.

On récite tous les jours pendant un an, ou le temps qu'on a promis de le porter, les litanies du saint, ou trois *Pater* et trois *Ave Maria*, ou la prière suivante :

PRIÈRE QUE PEUVENT DIRE TOUS LES JOURS CEUX QUI PORTENT L'HABIT NOIR EN L'HONNEUR DE SAINT JEAN-FRANÇOIS RÉGIS.

Grand saint Jean-François Régis, les bienfaits que j'ai reçus de Dieu, par votre puissante intercession, m'inspirent la confiance que vous voudrez l'employer de nouveau auprès de lui pour m'obtenir les grâces du salut, et même la faveur temporelle dont j'ai besoin, si elle ne lui est pas contraire. Faites que, comme je revêts chaque jour mon corps de votre saint habit, je m'applique à revêtir chaque jour mon âme de votre amour pour la pénitence, et de l'abnégation de votre mépris du monde et de ses vanités, et de la charité dont vous brûliez sur la terre pour Dieu et le prochain ; afin que, vous prenant ici-bas pour modèle, je partage un jour le bonheur dont vous jouissez. Ainsi soit-il.

Il serait très convenable de se confesser et de communier quelquefois à cette intention, et même de pratiquer quelque mortification, selon son état et sa condition.

Ce n'est pas le changement d'habit que Dieu demande et attend de nous, mais le changement et le renouvellement de vie.

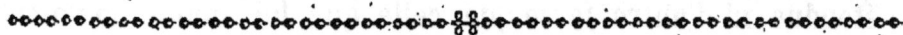

* * *

RETRAITES PARTICULIÈRES ET PUBLIQUES.

L'usage des retraites est aujourd'hui établi dans toutes les paroisses, et principalement dans les communautés religieuses; il n'y a rien à dire de leur importance, de leur utilité, de tous leurs avantages; ils sont généralement connus. Si des personnes désiraient suivre ces exercices sur le tombeau même de saint J.-F. Régis, à la Louvesc, elles le pourraient aisément; et c'est pour entrer dans leurs vues que nous insérons ici le prospectus de ces retraites.

RETRAITE DE SAINT RÉGIS, OU DE NOTRE-DAME DU CÉNACLE.

Les religieuses de la RETRAITE SAINT RÉGIS ont pour fin spéciale de recevoir chez elles, et d'aider, conformément à leur Institut approuvé, les personnes de leur sexe de toute condition qui veulent consacrer quelques jours au soin exclusif de leur salut dans les exercices d'une *Retraite commune* ou *particulière*. On trouve dans la maison tous les genres de secours nécessaires ou utiles au succès des *Exercices*, ainsi qu'un entretien approprié aux diverses convenances. Un directeur expérimenté dans la conduite des Retraites y concourt en proportion du nombre des Retraitantes. Celles-ci peuvent, aux heures libres, visiter l'église du pélerinage, et y choisir leurs confesseurs.

I. Les RETRAITES COMMUNES durent huit jours complets, et s'ouvrent à Lyon (place Fourvières, 2), le 10 de chaque mois, vers 5 heures du soir, durant toute l'année ; à la Louvesc (Ardèche), le 1er et le 15 du mois, depuis le 1er juin jusqu'au 1er octobre inclusivement. (*La deuxième ouverture d'août est renvoyée au 17.*)

II. Les RETRAITES PARTICULIÈRES ne durent pas moins de trois jours, et se prolongent selon le besoin. Elles commencent à Lyon, le 1er et le 20 de tous les mois de l'année. Elle se font à Tournon le 1er et le 15 des mois où elles vaquent à la Louvesc.

III. DEUX RETRAITES PUBLIQUES se donnent annuellement dans l'église de chaque pélerinage : 1° A Fourvières, durant les octaves de l'Ascension et de l'Assomption ; 2° A l'église de la Louvesc (tombeau de J.-F. Régis), du 16 au 24 juin, et du 1er au 8 septembre. Les personnes qui veulent faire tous leurs exercices dans l'intérieur de la maison doivent choisir une autre époque.

IV. Les RELIGIEUSES des communautés enseignantes, empêchées d'assister à la retraite commune de leur Maison-Mère, peuvent, avec l'agrément de leurs supérieures, faire les mêmes exercices à la Louvesc ou à Fourvières.

AVIS IMPORTANT.

Notre Saint-Père le Pape Pie IX a accordé une indulgence plénière aux personnes qui feront leurs retraites, soit en public, soit en particulier, dans les maisons de l'œuvre de saint Jean-François Régis.

RETRAITES ECCLÉSIASTIQUES.

Les Retraites que les Missionnaires de la Louvesc donnent dans leur maison à MM. les ecclésiastiques, commencent :

La première, le mardi qui suit le 34 mai (par conséquent huit jours après, si le 34 était un mardi ; il en est de même pour les six époques qui suivent) ; la deuxième, le mardi qui suit le 27 juin ; la troisième, le mardi qui suit le 44 juillet ; la quatrième, le mardi qui suit le 25 juillet ; la cinquième, le mardi qui suit le 17 août; la sixième, le mardi qui suit le 5 septembre ; la septième, le mardi qui suit le 19 septembre.

L'ouverture se fait tous les mardis indiqués, à six heures du soir.

Les prêtres devront être munis d'un *Celebret*, à moins qu'ils ne soient déjà connus, ou qu'ils ne viennent avec quelque prêtre connu.

ŒUVRE DE SAINT J.-F. RÉGIS POUR LA RÉHABILITATION DES MARIAGES.

Il s'est formé dans ce siècle, sous l'invocation de saint J.-F. Régis, pour honorer son zèle dans la réformation des mœurs, une œuvre excellente qui porte déjà ses fruits, et à laquelle il sera agréable à saint J.-F. Régis de voir s'associer des hommes pieux et généreux : c'est l'œuvre de la réhabilitation des mariages, établie aujourd'hui dans les principales villes de France, et exerçant son influence salutaire jusque dans la France nouvelle de l'Afrique.

TESTAMENT DE SAINT J.-F. RÉGIS

(Extrait de deux de ses Lettres inédites.)

L'amour que je vous porte en notre Seigneur Jésus-Christ me presse de vous donner quelques avis salutaires ; je suis sûr que vous le recevrez avec le même esprit de charité qui me les inspire.

I. Souvenez-vous, avant tout, qu'ayant été créés de Dieu pour lui seul, vous n'appartenez qu'à lui, que vous devez l'aimer sur toutes choses, et rapporter tout à sa gloire.

II. Ayez une ferme confiance dans sa bonté, et ne désespérez jamais d'une miséricorde toujours prête à pardonner.

III. Soyez inébranlablement attachés à l'Église catholique,

la seule fondée par Jésus-Christ, et la seule où vous puissiez trouver le salut.

IV. Aimez-vous les uns les autres comme frères, supportez-vous avec charité, et pardonnez-vous réciproquement.

V. Que les vérités de l'Evangile, et non les maximes du monde, soient la règle de vos sentiments et de votre conduite.

VI. Regardez toutes les richesses de la terre comme n'étant rien auprès de celles du Ciel, réservées à ceux qui garderont les commandements de Dieu; car c'est là le seul chemin de cette patrie bienheureuse, au lieu que leur violation est le chemin de l'enfer.

VII. Abhorrez de tout votre cœur le péché mortel comme le plus grand de tous les maux, et même le seul et unique mal, puisqu'il transforme un enfant de Dieu en un enfant du démon, et qu'il le prive du plus grand des biens, lui ôtant ses droits à l'héritage céleste pour le réserver au dernier des malheurs. Considérez un peu quel est celui que le pécheur abandonne, et quel père il se donne en quittant son Créateur et la source de tout bien, pour l'auteur de tout mal qui ne tend qu'à le rendre héritier des tourments éternels des damnés. Mon vœu le plus ardent serait que tout le monde comprît bien la grièveté d'un péché mortel, et sentît ce que c'est que de perdre à jamais son âme, pour laquelle un Dieu a bien voulu répandre son sang sur la croix. Car, si on en était une fois pénétré, qui serait jamais assez malheureux pour pécher mortellement?

VIII. Tâchez de vous tenir toujours tellement préparés que vous ne soyez pas surpris par la mort, en quelque temps qu'elle vienne. Si vous vous disposez à mourir de la mort des saints et des amis de Dieu, vous n'aurez pas sujet de la redouter; car il n'y a que la mauvaise vie qui doive faire craindre la mort. Oh! si l'homme était toujours prêt, s'il avait la conscience nette, ses comptes en règle, et ses affections dans le Ciel, il n'appréhenderait pas tant la sortie de ce monde. Il en est de l'homme de bien et du pécheur, comme du prisonnier coupable et de l'innocent en présence de la justice humaine. Car le coupable, qui s'attend à être exécuté, s'afflige chaque fois qu'il entend ouvrir sa prison, s'imaginant qu'on veut déjà l'en tirer pour le conduire au supplice : tandis que celui qui est innocent, et qui doit être élargi par la sentence du juge, se réjouit dans la même occasion, pensant qu'on vient le mettre en liberté. Ainsi le méchant, quand il entend que la serrure de la mort fait du bruit et remue, c'est-à-dire quand la maladie le saisit, quand l'accès redouble ou lorsque le mal l'oppresse, se sent-il alors consterné et dans une grande détresse, parce qu'ayant la conscience cautérisée et pleine d'iniquités, il se persuade que le moment est venu pour lui de descendre dans l'abîme des feux éternels de l'enfer. Mais celui qui n'est pas aiguillonné par les remords de sa conscience, se console alors, parce qu'il sait que, s'il meurt, c'est pour être mis en liberté, et fait participant d'un bonheur interminable. Cette considération allège sa crainte, et bannit la tristesse de son cœur ; se tenant toujours prêt, il attend tranquillement la mort ; en quelque moment et sous quelque forme qu'elle se présente, qu'elle arrive le jour ou la nuit, qu'elle vienne de la faim, de la maladie ou d'un accident, tout lui est également indifférent.

IX. C'est pour cela que je vous exhorte à fréquenter souvent les Sacrements, c'est-à-dire la confession et la communion; car ce sont là des remèdes très efficaces, soit pour se préserver du péché, soit pour s'en relever lorsqu'on y est tombé.

X. L'examen du soir vous aidera aussi grandement pour le même effet. Il consiste à voir les péchés que l'on a commis par pensées, par paroles et par actions, et à en demander bien humblement pardon à Dieu, concevant pas son amour de la douleur de les avoir commis, et se proposant fermement de s'en corriger.

XI. Enfin considérez souvent quel sera le terme où aboutiront toutes les peines que l'on se donne pour les choses de la terre, et combien peu il vous servirait de gagner le monde entier, si vous veniez à vous perdre éternellement vous-mêmes.

XII. Je supplie la bienheureuse Vierge Notre-Dame qu'elle daigne vous conserver, et qu'ayant égard aux prières d'un de ses plus humbles serviteurs, elle jette ses yeux miséricordieux sur vos dévotions, vos vœux et vos bonnes œuvres. Il n'y a pas de meilleur moyen pour apaiser la justice de Dieu, et pour en obtenir le pardon, que d'acquérir les bonnes grâces de celle à qui rien ne peut être refusé.

Ce que faisant, et marchant toujours par la voie des commandements de Dieu, le ciel sera votre récompense ; et nous nous y verrons tous ensemble à jamais.

CONCLUSION.

Depuis près de deux siècles existe le culte de saint J.-F. Régis ; il n'a pas vieilli d'un jour, il se renouvelle au contraire, il se propage, il se fortifie. Effet admirable de la sainteté ! elle ranime, elle vivifie, elle immortalise des cendres muettes, froides, inanimées. La nuit du tombeau disparaît à l'éclat des gloires qui l'environnent, et la stérilité de la mort est devenue féconde par l'influence de la sainteté. Le cœur de l'apôtre brûle encore des feux de la charité sous les marbres glacés qui le cachent aux regards. Ses mains puissantes restent libres pour répandre des grâces et opérer des prodiges; sa voix se fait entendre aussi touchante et convertissante que lorsqu'il évangélisait du haut de la chaire chrétienne. On peut dire du disciple comme du Maître : Son tombeau est glorieux. *Sepulcrum ejus erit gloriosum.*

Chrétiens fidèles qui allez le visiter, douteriez-vous encore de la résurrection promise à vos dépouilles mortelles ? voyez les cendres de Régis triompher de la puissance de la mort et de l'obscurité du sépulcre avant le grand jour de la résurrection générale; entrez délibérément et marchez avec persévérance dans la carrière de ses vertus, et si vos cendres ne parviennent pas ici-bas à la gloire qui n'est due qu'à une sainteté proclamée par l'autorité de l'Eglise, elles se ranimeront du moins à la fin des siècles, et elles seront éternellement glorifiées avec celles des saints.

TROISIÈME PARTIE.

—

PARTIE LITURGIQUE *.

ᚔᚔᚔᚔᚔᚔᚔᚔᚔᚔᚔᚔᚔᚔᚔᚔᚔᚔᚔᚔᚔᚔᚔᚔᚔᚔᚔᚔᚔᚔᚔᚔᚔᚔ

LITANIES DU SAINT.

Seigneur, ayez pitié de nous.
Christ, ayez pitié de nous.
Seigneur, ayez pitié de nous.
Christ, écoutez-nous.
Christ, exaucez-nous.
Dieu, Père céleste, ayez pitié de nous.
Dieu Fils, rédempteur du monde, ayez pitié de nous.
Dieu, Saint-Esprit, ayez pitié de nous.
Trinité sainte, un seul Dieu, ayez pitié de nous.
Sainte Marie, mère de Dieu, priez pour nous.
Saint Jean-François Régis,   priez.
S. J.-F. Régis, zélé serviteur de Marie,   priez.
S. J.-F. Régis, très digne fils de saint Ignace,   priez.
S. J.-F. Régis, très fidèle imitateur de saint François Xavier,
     priez pour nous.

---

* Le fidèle trouvera dans les Heures et Journées du chrétien, dans les Eucologes et Manuels de piété, les prières ordinaires et communes. Nous ne recueillons ici que les prières qui sont propres et adaptées au culte de saint J.-F. Régis.

S. J.-F. Régis, homme d'oraison, priez.

S. J.-F. Régis, grand amateur de la pauvreté, priez.

S. J.-F. Régis, prodige d'humilité, priez.

S. J.-F. Régis, avide d'humiliations, priez.

S. J.-F. Régis, diligent observateur de la discipline religieuse, priez pour nous.

S. J.-F. Régis, ange de pureté, priez.

S. J.-F. Régis, apôtre par le zèle, priez.

S. J.-F. Régis, tout brûlant d'amour de Dieu, priez.

S. J.-F. Régis, contempteur intrépide de la mort, priez.

S. J.-F. Régis, guide des voyageurs égarés, priez.

S. J.-F. Régis, pacificateur des ennemis, priez.

S. J.-F. Régis, consolateur des affligés, priez.

S. J.-F. Régis, médecin des malades, priez.

S. J.-F. Régis, providence des malheureux, priez.

S. J.-F. Régis, patron des innocents, priez.

S. J.-F. Régis, père des pauvres, priez.

S. J.-F. Régis, défenseur de la pudeur outragée, priez.

S. J.-F. Régis, la terreur des blasphémateurs, priez.

S. J.-F. Régis, propagateur de la gloire divine, priez.

S. J.-F. Régis, intercesseur puissant auprès de Dieu, priez.

S. J.-F. Régis, ange tutélaire de la patrie, priez.

S. J.-F. Régis, notre modèle, priez.

S. J.-F. Régis, une des gloires de la Compagnie de Jésus, priez pour nous.

S. J.-F. Régis, intercédez pour nous.

Agneau de Dieu, qui effacez les péchés du monde, pardonnez-nous, Seigneur.

Agneau de Dieu, qui effacez les péchés du monde, exaucez-nous, Seigneur.

Agneau de Dieu, qui effacez les péchés du monde, ayez pitié de nous, Seigneur.

ORAISON.

O Dieu! qui avez orné le bienheureux Jean-François, votre confesseur, d'une admirable charité et d'une patience invincible à supporter de grands travaux pour le salut des âmes, accordez-nous miséricordieusement, qu'instruits par ses exemples et assistés de son intercession, nous obtenions les récompenses de la vie éternelle, par N. S. J.-C. votre fils, qui vit et règne avec vous en l'unité du Saint-Esprit, dans les siècles des siècles. Ainsi soit-il.

AUTRES LITANIES PLUS DÉVELOPPÉES.

Seigneur, ayez pitié de nous.
Christ, ayez pitié de nous.
Seigneur, ayez pitié de nous.
Christ, écoutez-nous.
Christ, exaucez-nous.
Père céleste, qui êtes Dieu, ayez pitié de nous.
Fils, rédempteur du monde, qui êtes Dieu, ayez pitié de nous.
Esprit saint, qui êtes Dieu, ayez pitié de nous.
Sainte Trinité, qui êtes un seul Dieu, ayez pitié de nous.
Sainte Marie, priez pour nous.
Sainte mère de Dieu,   priez.
Sainte Vierge des vierges,   priez.
Saint Jean-François Régis,   priez.
S. J.-F. Régis, appelé de Dieu dès le sein de votre mère,
    priez pour nous.
S. J.-F. Régis, pieux dès votre enfance,   priez.
S. J.-F. Régis, chaste à la fleur de votre jeunesse,   priez.
S. J.-F. Régis, toujours victorieux des tentations de la chair,
    priez pour nous.
S. J.-F. Régis, très fidèle à la voix de J.-C.,   priez.
S. J.-F. Régis, orné des vertus de l'homme religieux,   priez.
S. J.-F. Régis, émule de la pauvreté de J.-C.,   priez.
S. J.-F. Régis, disciple parfait de l'obéissance,   priez.
S. J.-F. Régis, ennemi des louanges humaines,   priez.
S. J.-F. Régis, contempteur généreux de votre propre gloire,
    priez pour nous.

S. J.-F. Régis, toujours abîmé dans les profondeurs de l'humilité, priez pour nous.

S. J.-F. Régis, rigide observateur de l'abstinence, priez.

S. J.-F. Régis, toujours crucifié avec J.-C., priez.

S. J.-F. Régis, sans cesse altéré des opprobres de la croix, priez pour nous.

S. J.-F. Régis, fervent adorateur de J.-C. dans l'Eucharistie, priez pour nous.

S. J.-F. Régis, affectionné au culte de la reine des cieux, priez pour nous.

S. J.-F. Régis, patient dans les travaux, priez.

S. J.-F. Régis, ardent zélateur de l'honneur divin, priez.

S. J.-F. Régis, infatigable à courir à la conquête des âmes, priez pour nous.

S. J.-F. Régis, intrépide à combattre les vices, priez.

S. J.-F. Régis, modèle et patron dans la réhabilitation des mariages, priez pour nous.

S. J.-F. Régis, miséricordieux Samaritain pour les pécheurs, priez pour nous.

S. J.-F. Régis, convertisseur célèbre des âmes les plus perdues, priez pour nous.

S. J.-F. Régis, puissant en œuvres et en paroles, priez.

S. J.-F. Régis, empressé à soulager les misères des pauvres, priez pour nous.

S. J.-F. Régis, compatissant aux calamités publiques, priez.

S. J.-F. Régis, affrontant la peste pour secourir les pestiférés, priez pour nous.

S. J.-F. Régis, bon père des vierges pauvres, priez.

S. J.-F. Régis, riche des dons du ciel, priez.

S. J.-F. Régis, favorisé de la grâce de la contemplation, priez pour nous.

S. J.-F. Régis, ravi souvent en extase, priez.

S. J.-F. Régis, inondé des célestes douceurs, priez.

S. J.-F. Régis, illustre par une multiplication réitérée des grains, priez.

S. J.-F. Régis, guéri miraculeusement d'une fracture douloureuse, priez pour nous.

S. J.-F. Régis, thaumaturge de notre siècle, priez.

S. J.-F. Régis, vigilant à éviter les fautes les plus légères, priez pour nous.

S. J.-F. Régis, consolé à vos derniers moments par une apparition de la mère de Dieu, priez pour nous.

S. J.-F. Régis, présenté au tribunal de J.-C., avec votre innocence baptismale, priez pour nous.

S. J.-F. Régis, doux imitateur du doux Jésus, priez.

S. J.-F. Régis, compatissant avec Marie aux douleurs de Jésus, priez pour nous.

S. J.-F. Régis, autre Jean-Baptiste par l'alliance de la pénitence et de l'innocence, priez pour nous.

S. J.-F. Régis, embrasé des ardeurs des chérubins, priez.

S. J.-F. Régis, semblable aux anges par la pureté, priez.

S. J.-F. Régis, brillant comme les patriarches par la foi, priez pour nous,

S. J.-F. Régis, inspiré comme les prophètes, priez.

S. J.-F. Régis, vivant de la vie des apôtres, priez.

S. J.-F. Régis, associé aux martyrs par le danger du martyre, priez pour nous.

S. J.-F. Régis, distingué entre les confesseurs par la sainteté des œuvres, priez pour nous.

S. J.-F. Régis, vaillant défenseur des vierges en péril, priez pour nous.

S. J.-F. Régis, comblé des mérites de tous les justes, priez.

S. J.-F. Régis, apôtre du Velay et du Vivarais, priez.

Agneau de Dieu, qui effacez les péchés du monde, pardonnez-nous, Seigneur.

Agneau de Dieu, etc., exaucez-nous, Seigneur.

Agneau de Dieu, etc., ayez pitié de nous, Seigneur.

℣. Priez pour nous, saint Jean-François Régis,

℟. Afin que nous devenions dignes des promesses de Jésus-Christ.

ORAISON.

O Dieu! etc., *page* 120.

CANTIQUES

EN L'HONNEUR

DE SAINT JEAN·FRANÇOIS RÉGIS.

Quel nom de gloire a réjoui ces terres !
De quel éclat s'embellissent les cieux !
C'est vers Régis, l'apôtre des chaumières,
Que notre encens s'élève avec nos vœux.
Ta main, Seigneur, en miracles féconde,
Honore ainsi les plus faibles mortels ;
Abaissez-vous, vaines grandeurs du monde,
Tombez, tombez aux pieds de ses autels.
Tendre père ! ô Régis ! notre saint protecteur,
Fais régner à jamais Jésus dans notre cœur.

Esprit d'amour, dès sa plus tendre enfance,
Tu l'enrichis de tes trésors divins ;
Tu reposais des yeux de complaisance
Sur un enfant ignoré des humains.
Quelle ferveur tu versas dans son âme !
Quels feux sacrés tu jetas dans son cœur !
Du pur amour j'y vois briller la flamme,
Ses traits brûlants m'attestent son ardeur..
Tendre père ! etc.

Le voyez-vous, dans une humble retraite
Se préparer au combat du Seigneur ?
Le voyez-vous voler à la conquête
De l'univers, qu'il parcourt en vainqueur ?

Du bon pasteur retraçant le modèle,
Le voyez-vous précipiter ses pas ?
Régis poursuit la brebis infidèle,
Et, triomphant, la porte dans ses bras.
    Tendre père ! etc.

    Autour de lui formant une couronne,
Un peuple avide écoutait ses accents,
Et l'on eût dit un père qu'environne
L'heureux essaim des plus tendres enfants !
Régis parlait : sa voix pleine de charmes
A le secret de rendre l'homme heureux :
De tous les yeux coulaient de douces larmes
Quand pour patrie il leur montrait les cieux.
    Tendre père ! etc.

    Tout dans ces lieux nous parle de son zèle ;
Je vois partout les traces de ses pas :
Ici Régis fléchit un cœur rebelle ;
Là son ardeur affrontait le trépas.
Il a paru dans nos temples antiques,
Ils ont souvent retenti de sa voix ;
Dans nos hameaux, sur nos places publiques,
Il a planté l'étendard de la croix.
    Tendre père ! etc.

    Tout dans ces lieux proclame sa puissance,
Tout dans ces lieux proclame sa bonté ;
Ici du pauvre il prenait la défense,
Là des mourants lui durent la santé.
D'un pain céleste il nourrit l'indigence,
Là des captifs il adoucit le sort ;
Et quand le deuil couvrait toute la France,
Loin de nos murs il écarta la mort.
    Tendre père ! etc.

    Vous l'avez vu, Cévennes homicides,
Cent fois braver vos sommets orgueilleux ;

Vous l'avez vu : que vos rochers arides
Portent sa gloire et son nom jusqu'aux cieux.
Et toi, cité déjà chère à Marie,
Régis aussi sera ton protecteur ;
Sur toi Régis, du sein de sa patrie,
Appellera la paix et le bonheur.

    Tendre père ! etc.

AUTRE CANTIQUE.

    David, accorde ta lyre :
Que ses sons harmonieux
M'inspirent un saint délire
Et des chants religieux.
Que les Séraphins, les Anges,
Viennent mêler leurs louanges
Du haut des sacrés parvis :
Je vais, dans un saint cantique,
Chanter la vie héroïque
Et les vertus de Régis.

    Comme un affreux météore
Sorti du sein des enfers,
Le disque brûlant dévore,
Embrase tout l'univers,
L'abominable hérésie,
Dans son audace impunie
Empoisonnait nos cités ;
Lorsqu'enfin la Providence,
A bout dans sa patience,
Mit fin aux iniquités.

    Telle à nos yeux la nature,
Après un cruel hiver,
Se repare de verdure
Au doux souffle de l'éther ;
Ainsi Régis vint au monde
Pour chasser la nuit profonde

Qui régnait dans tous les cœurs :
Il paraît ; déjà le crime,
En voyant fuir sa victime,
Pousse des cris de douleurs.

A peine il sort de l'enfance
Qu'il aime son Créateur ;
Ses discours, son espérance
Brillent d'une sainte ardeur.
Sa bonne mère le guide,
Le couvre de son égide
Dans les périls d'ici-bas ;
Le démon insatiable,
Pressé d'un désir coupable,
S'acharne encore à ses pas.

Une illustre Compagnie,
Soumise aux lois de Jésus,
Le reçoit, enorgueillie
De posséder ses vertus.
Bientôt un jour elles brillent
Comme les astres scintillent
Aux voûtes de l'Eternel ;
Un nouveau siècle s'honore
D'avoir ainsi fait éclore
Un homme chéri du Ciel.

A sa voix persuasive
Les peuples ont accouru ;
Ils ont l'oreille attentive
Au divin nom de Jésus.
A peine du sanctuaire
Notre éloquent missionnaire
A-t-il parlé d'avenir,
Que la foule consternée,
Sur le pavé prosternée,
Ne songe qu'au repentir.

Le Puy, tu te glorifie
De l'avoir vu dans ton sein
Retirer de l'infamie
Tes fils, et les rendre au bien ;
Dans une disette affreuse,
Donner l'abondance heureuse
Par les plus pénibles soins ;
Le blé, merveille infinie,
A sa voix se multiplie,
Satisfait tous les besoins.

Il endure les outrages,
Pardonne aux persécuteurs,
Brave le froid, les orages,
Pour convertir les pécheurs,
Sa douceur évangélique
Et son courage héroïque
Font chanter gloire à Régis.
Il voudrait par le martyre
Gagner le divin empire
Que Dieu donne en paradis.

Au milieu de sa carrière
Jésus exauce ses vœux ;
Comme un rayon de lumière
Son âme s'élance aux cieux.
Son front serein s'environne
D'une divine couronne
Promise à ses seuls élus.
Une musique céleste
A tout l'univers atteste
Ses glorieuses vertus.

TRADUCTION

DE L'HYMNE

O NIMIS FELIX LA LOVESCA.

O trop heureuse La Louvesc! qui conserve les ossements précieux de Régis, applaudis à celui que le ciel s'empresse de couronner d'un laurier sacré.

Régis, rempli dès ses plus tendres ans de l'esprit de Dieu, médite dans son âme des triomphes magnifiques; plus âgé, il foule aux pieds toutes les joies périssables du monde.

Bientôt le nouveau soldat du Christ prend les armes; l'enfer frémit; le vice s'enfuit; autant ce héros livre de combats, autant la renommée compte de trophées.

Il réforme les mœurs barbares de peuples; sa parole éloquente triomphe des cœurs endurcis, tandis que par ses exemples plus éloquents encore il les attire tous à la vertu.

Quels rochers abruptes, quels sentiers sauvages, quelles plages inhospitalières sont inaccessibles à son zèle, quand il s'agit de gagner des âmes au Seigneur!

Il visite les pauvres dans leurs humbles chaumières; le bon père les soigne, les nourrit, les vêtit, comme si Jésus-Christ était caché en eux.

Vient enfin la mort, tant de fois invoquée. Il expire entouré de pauvres; mais il vit au ciel, et sa cendre le rend plus célèbre après son trépas.

Grand Saint! qui régnez au-dessus des astres, assis sur un trône éternel, et plongé dans le sein de la divinité, accueillez avec bienveillance nos humbles prières.

Que le monde adore le Père, le Fils, et le saint-Esprit, Trinité souveraine par qui un héros courageux a vaincu les phalanges infernales.

PRIÈRES
PENDANT LA MESSE.

In nomine Patris, et Filii, et Spiritûs sancti. Amen.

C'est en votre nom, adorable Trinité, c'est pour vous rendre les honneurs et les hommages qui vous sont dus, que j'assiste au très saint et très auguste sacrifice.

Permettez-moi, divin Sauveur, de m'unir d'intention au ministre de vos autels, pour offrir la précieuse victime de mon salut; et donnez-moi les sentiments que j'aurais dû avoir sur le Calvaire, si j'avais assisté au sacrifice sanglant de votre passion.

Au Confiteor.

Je m'accuse devant vous, ô mon Dieu! de tous les péchés dont je suis coupable. Je m'en accuse en présence de Marie, la plus pure de toutes les vierges, de tous les saints et de tous les fidèles, parce que j'ai péché en pensées, en paroles, en actions, en omissions, par ma faute, oui, par ma faute, et par ma très grande faute. C'est pourquoi je conjure la très sainte Vierge et tous les saints de vouloir intercéder pour moi.

Seigneur, écoutez favorablement ma prière, et accordez-moi l'indulgence, l'absolution et la rémission de tous mes péchés.

Au Kyrie eleison.

Divin Créateur de nos âmes, ayez pitié de l'ouvrage de vos mains; Père miséricordieux, faites miséricorde à vos enfants.

Auteur de notre salut, immolé pour nous, appliquez-nous les mérites de votre mort et de votre précieux sang.

Aimable Sauveur, doux Jésus, ayez compassion de nos misères, pardonnez-nous nos péchés.

Au Gloria in excelsis.

Seigneur, votre grandeur est infinie, et les plus hautes louanges sont infiniment au-dessous de vous. Votre puissance n'a point de limites, et votre sagesse est sans mesure et sans bornes; cependant un homme accablé sous le poids de sa misérable et de sa mortelle condition ose vous louer.

Qu'êtes-vous, ô mon Dieu! qu'êtes-vous, sinon le Dieu et le maître de toutes les créatures? C'est vous, Seigneur, dont la majesté suprême est accompagnée d'une suprême bonté, et qui n'avez pas seulement une très grande puissance mais une toute-puissance qui est infinie. C'est vous qui êtes très miséricordieux et très juste, et très présent partout, et néanmoins très invisible en tous lieux; aimable par votre souveraine bonté, et redoutable par votre force invincible. Souffrez, Seigneur, que nous mêlions nos voix avec celles des Anges pour vous louer. Gloire à Dieu dans le Ciel, et que la paix soit donnée sur toute la terre aux hommes de bonne volonté. Père éternel, Dieu tout-puissant, nous vous louons, nous vous bénissons, nous vous adorons, nous vous rendons mille actions de grâces des biens que vous nous accordez sans cesse; Seigneur Jésus, Agneau sans tache, qui effacez les péchés du monde, ayez pitié de nous, faites-nous miséricorde; vous êtes le seul saint, le seul Seigneur, le seul Très Haut, qui régnez avec le Père et le Saint-Esprit dans la gloire, et qui méritez sur la terre toutes nos adorations et tous nos hommages.

A l'Epître.

Mon Dieu, vous m'avez appelé à la connaissance de votre sainte loi, préférablement à tant de peuples qui vivent dans l'ignorance de vos mystères. Je l'accepte de tout mon cœur cette divine loi, et j'écoute avec respect les sacrés oracles que vous avez prononcés par la bouche de vos prophètes: je les révère avec toute la soumission qui est due à la parole d'un Dieu, et j'en vois l'accomplissement avec toute la joie de mon âme.

Que n'ai-je pour vous, ô mon Dieu! un cœur semblable à celui des saints de votre ancien Testament! que ne puis-je vous désirer avec l'ardeur des patriarches, vous connaître et vous révérer comme les prophètes, vous aimer et m'attacher uniquement à vous comme les apôtres!

A l'Evangile.

Ce ne sont plus, ô mon Dieu! les prophètes ni les apôtres qui vont m'instruire de mes devoirs; c'est votre fils unique, c'est sa parole que je vais entendre. Mais, hélas! que me servira d'avoir cru que c'est votre parole, Seigneur Jésus, si je n'agis pas conformément à ma croyance? que me servira, lorsque je paraîtrai devant vous, d'avoir eu la foi, sans le mérite de la charité et des bonnes œuvres?

Je crois, et je vis comme si je ne croyais pas, ou comme si je croyais un Evangile contraire au vôtre. Ne me jugez pas, ô mon Dieu, sur cette opposition perpétuelle que je mets entre vos maximes et ma conduite. Je crois, mais inspirez-moi le courage et la force de pratiquer ce que je crois. A vous, Seigneur, en reviendra toute la gloire.

Au Credo.

Je crois en un seul Dieu, le Père tout-puissant, Créateur de l'univers; en notre Seigneur Jésus-Christ, son fils unique, parfaitement semblable à lui, saint, puissant, éternel, Dieu comme lui. Je

crois que ce fils adorable s'est fait homme pour l'a-
mour de nous, qu'il a souffert, qu'il est mort,
qu'il est ressuscité, qu'il est monté au ciel, qu'il
en redescendra pour juger les hommes, et qu'ensuite il continuera un règne éternellement heureux.

Je crois au Saint-Esprit, Dieu comme le Père et
le Fils, procédant de l'un et de l'autre, et parta-
geant la même gloire avec eux ; source de vie, auteur de la sanctification des hommes, et la lumière
des prophètes. Je crois une Eglise sainte, catholique, apostolique ; un baptême institué pour la rémission de nos péchés ; et plein de confiance en la
miséricorde de mon Dieu, j'attends la résurrection
des morts et la vie éternelle. Ainsi soit-il.

A l'Offertoire.

Père infiniment saint, Dieu tout-puissant, quelque indigne que je sois de paraître devant vous, j'ose
vous présenter cette hostie par les mains du prêtre,
avec l'intention qu'a eue Jésus-Christ mon Sauveur,
lorsqu'il a institué ce sacrifice, et qu'il a encore au
moment qu'il s'immole ici pour moi.

Je vous l'offre pour reconnaître votre souverain
domaine sur moi et sur toutes les créatures ; je vous
l'offre pour l'expiation de mes péchés, et en action
de grâces de tous les bienfaits dont vous m'avez
comblé. Je vous l'offre enfin, mon Dieu, cet auguste sacrifice, afin d'obtenir de votre infinie bonté,

pour moi, pour mes parents, pour mes bienfaiteurs, mes amis et mes ennemis, ces grâces précieuses de salut qui ne peuvent nous être accordées qu'en vue des mérites de celui qui est le juste par excellence, et qui s'est fait victime de propitiation pour tous.

Mais vous offrant cette adorable victime, je vous recommande, ô mon Dieu, toute l'Eglise catholique, notre saint Père le Pape, notre Evêque, tous les pasteurs des âmes, notre Souverain et sa famille, les princes chrétiens, et tous les peuples qui croient en vous.

Souvenez-vous aussi, Seigneur, des fidèles trépassés : et en considération des mérites de votre Fils, donnez-leur un lieu de rafraîchissement, de lumière et de paix.

N'oubliez pas, mon Dieu, vos ennemis et les miens ; ayez pitié de tous les infidèles, des hérétiques et de tous les pécheurs. Comblez de bénédictions ceux qui me persécutent, et pardonnez-moi mes péchés, comme je leur pardonne tout le mal qu'ils me font ou qu'ils voudraient me faire. Ainsi soit-il.

A la Préface.

Voici l'heureux moment où le Roi des anges et des hommes va paraître. Seigneur, remplissez-moi de votre esprit : que mon cœur, dégagé de la terre, ne pense qu'à vous. Quelle obligation n'ai-je pas de vous bénir et de vous louer en tout temps et en tout lieu, Dieu du ciel et de la terre, maître infiniment grand, Père tout-puissant et éternel !

Rien n'est plus juste, rien n'est plus avantageux que de nous unir à Jésus-Christ pour vous adorer continuellement. C'est par lui que tous les esprits bienheureux rendent leurs hommages à votre majesté; c'est par lui que toutes les vertus du ciel, saisies d'une frayeur respectueuse, s'unissent pour vous glorifier. Souffrez, Seigneur, que nous joignions nos faibles louanges à celles de ces saintes intelligences, et que, de concert avec elles, nous disions dans un transport de joie et d'admiration :

Au Sanctus.

Saint, saint, saint est le Seigneur, le Dieu des armées. Tout l'univers est rempli de sa gloire. Que les bienheureux le bénissent dans le ciel ! béni soit celui qui nous vient sur la terre, Dieu et Seigneur comme celui qui l'envoie.

Au Canon.

Nous vous conjurons, au nom de Jésus-Christ votre Fils et notre Seigneur, ô Père infiniment miséricordieux, d'avoir pour agréable et de bénir l'offrande que nous vous présentons, afin qu'il vous plaise de conserver, de défendre et de gouverner votre sainte Église catholique, avec tous les membres qui la composent, le Pape, notre Evêque, notre Roi, et généralement tous ceux qui font profession de votre sainte foi.

Nous vous recommandons en particulier, Seigneur, ceux pour qui la justice, la reconnaissance et la charité nous obligent de prier ; tous ceux qui sont présents à cet adorable sacrifice, et particulièrement N. et N. Et afin, grand Dieu, que nos hommages vous soient plus agréables, nous nous unissons à la glorieuse Marie, toujours Vierge, mère de notre Dieu et Seigneur Jésus-Christ, à tous vos apôtres, à tous les bienheureux martyrs, et à tous les saints et saintes du paradis.

Que n'ai-je en ce moment, ô mon Dieu, les désirs enflammés avec lesquels les saints patriarches souhaitaient la venue du Messie ! Que n'ai-je leur foi et leur amour ! Venez, Seigneur Jésus, venez aimable rédempteur du monde, venez accomplir un mystère qui est l'abrégé de toutes les merveilles. Il vient cet agneau de Dieu ; voici l'adorable victime par qui tous les péchés du monde sont effacés.

A l'Elévation.

Verbe incarné, divin Jésus, vrai Dieu et vrai homme, je crois que vous êtes ici présent ; je vous y adore avec humilité, je vous aime de tout mon cœur, et comme vous y venez pour l'amour de moi, je me consacre entièrement à vous.

J'adore ce sang précieux que vous avez répandu pour tous les hommes, et j'espère, ô mon Dieu, que vous ne l'aurez pas versé inutilement pour moi. Faites-moi la grâce de m'en appliquer les mérites.

Je vous offre le mien, aimable Jésus, en reconnaissance de cette charité infinie que vous avez eue de donner le vôtre pour l'amour de moi.

A la suite du Canon.

Quelle serait donc désormais ma malice et mon ingratitude, si, après avoir vu ce que je vois, je consentais à vous offenser ! Non, mon Dieu, je n'oublierai jamais ce que vous me représentez par cette auguste cérémonie, les souffrances de votre passion, la gloire de votre résurrection, votre corps tout déchiré, votre sang répandu pour nous, réellement présent à mes yeux sur cet autel.

C'est maintenant, éternelle majesté, que nous vous offrons de votre grâce véritablement et proprement la victime pure, sainte et sans tache qu'il vous a plu de nous donner vous-même, et dont toutes les autres n'étaient que la figure. Oui, grand Dieu, nous osons vous le dire, il y a ici plus que tous les sacrifices d'Abel, d'Abraham et de Melchisédech ; la seule victime digne de votre autel, notre Seigneur Jésus-Christ, votre Fils, l'unique objet de vos éternelles complaisances.

Que tous ceux qui participent ici, de la bouche ou du cœur à cette sacrée victime soient remplis de sa bénédiction.

Que cette bénédiction se répande, ô mon Dieu ! sur les âmes des fidèles qui sont morts dans la paix de l'Eglise, et particulièrement sur l'âme de

N. et de N. Accordez-leur, Seigneur, en vue de ce sacrifice, la délivrance entière de leurs peines.

Daignez nous accorder aussi un jour cette grâce à nous-mêmes, Père infiniment bon, et faites-nous entrer en société avec les saints apôtres, les saints martyrs et tous les saints, afin que nous puissions vous aimer et glorifier éternellement avec eux.

Au Pater noster.

Que je suis heureux, ô mon Dieu ! de vous avoir pour Père ! que j'ai de joie de songer que le ciel où vous êtes doit être un jour ma demeure ! Que votre saint nom soit glorifié par toute la terre. Régnez absolument sur tous les cœurs et sur toutes les volontés. Ne refusez pas à vos enfants la nourriture spirituelle et corporelle. Nous pardonnons de bon cœur, pardonnez-nous. Soutenez-nous dans les tentations et dans les maux de cette misérable vie ; mais préservez-nous du péché, le plus grand de tous les maux. Ainsi soit-il.

A l'Agnus Dei.

Agneau de Dieu, immolé pour moi, ayez pitié de moi. Victime adorable de mon salut, sauvez-moi. Divin médiateur, obtenez-moi ma grâce auprès de votre Père, donnez-moi votre paix.

A la Communion.

Qu'il me serait doux, ô mon aimable Sauveur, d'être du nombre de ces heureux chrétiens à qui la pureté de conscience et une tendre piété permettent d'approcher tous les jours de votre sainte table !

Quel avantage pour moi si je pouvais en ce moment vous posséder dans mon cœur, vous y rendre mes hommages, vous y exposer mes besoins, et participer aux grâces que vous faites à ceux qui vous reçoivent réellement ! Mais, puisque j'en suis très indigne, suppléez, ô mon Dieu, à l'indisposition de mon âme. Pardonnez-moi tous mes péchés, je les déteste de tout mon cœur, parce qu'il vous déplaisent. Recevez le désir sincère que j'ai de m'unir à vous. Purifiez-moi d'un seul de vos regards, et mettez-moi en état de vous bien recevoir au plus tôt.

En attendant cet heureux jour, je vous conjure, Seigneur, de me faire participant des fruits que la communion du prêtre doit produire en tout le peuple fidèle qui est présent à ce sacrifice. Augmentez ma foi par la vertu de ce divin sacrement ; fortifiez mon espérance, épurez en moi la charité ; remplissez mon cœur de votre amour, afin qu'il ne respire plus que vous, et qu'il ne vive plus que pour vous.

Aux dernières Oraisons.

Vous venez, ô mon Dieu, de vous immoler pour mon salut ; je veux me sacrifier pour votre gloire.

Je suis votre victime, ne m'épargnez point. J'accepte de bon cœur toutes les croix qu'il vous plaira de m'envoyer : je les bénis, je les reçois de votre main, et je les unis à la vôtre.

Je sors purifié par vos saints mystères ; je fuirai avec horreur les moindres taches du péché, surtout de celui où mon penchant m'entraîne avec plus de violence. Je serai fidèle à votre loi, et je suis résolu de tout perdre et de tout souffrir, plutôt que de la violer.

Bénissez, ô mon Dieu ! ces saintes résolutions ; bénissez-nous tous par la main de votre ministre, et que les effets de votre bénédiction demeurent éternellement sur nous. Au nom du Père, et du Fils, et du Saint-Eprit. Ainsi soit-il.

Au dernier Evangile.

Verbe divin, Fils unique du Père, lumière du monde, venue du ciel pour nous en montrer le chemin, ne permettez pas que je ressemble à ce peuple infidèle qui a refusé de vous reconnaître pour le Messie. Ne souffrez pas que je tombe dans le même aveuglement que ces malheureux qui ont mieux aimé devenir esclaves de Satan que d'avoir part à la glorieuse adoption d'enfants de Dieu que vous veniez leur procurer.

Verbe fait chair, je vous adore avec le respect le plus profond, je mets toute ma confiance en vous seul ; espérant fermement que, puisque vous êtes mon Dieu, et un Dieu qui s'est fait homme, afin de sauver les hommes, vous m'accorderez les grâces nécessaires pour me sanctifier et vous posséder éternellement dans le ciel. Ainsi soit-il.

MESSE

PROPRE

DE SAINT JEAN-FRANÇOIS RÉGIS.

INTROIT.	INTROITUS.
L'esprit du Seigneur est sur moi : c'est pourquoi il m'a consacré par son onction, et m'a envoyé pour évangéliser les pauvres, guérir ceux qui ont le cœur brisé, publier l'année salutaire du Seigneur, et le jour de la rétribution. *Ps.* Levez-vous, Seigneur, Dieu d'Israël, manifestez votre puissance, n'oubliez pas les pauvres.	Spiritus Domini super me ; propter quod unxit me : evangelizare pauperibus misit me, sanare contritos corde, prædicare annum Domini acceptum, et diem retributionis. *Ps.* 9. Exurge, Domine Deus, exaltetur manus tua, ne obliviscaris pauperum.
℣. Gloire au Père, au Fils, etc.	℣. Gloria Patri, etc.

ORATIO.

Deus , qui ad pluri-
mos , etc.
Voir page 120.

*Lectio Episolæ B.
Pauli Apostoli ad
Thessalonicenses.*

Fratres , fiduciam
habuimus in Deo nos-
tro loqui ad vos Evan-
gelium Dei in multa
sollicitudine. Exhorta-
tio enim nostra non
de errore , neque de
immunditiâ , neque in
dolo , sed sicut probati
sumus à Deo , ut cre-
deretur nobis Evange-
lium : ita loquimur,
non quasi hominibus
placentes , sed Deo ,
qui probat corda nos-
tra. Neque enim ali-
quando fuimus in ser-
mone adulationis, si-
cut scitis , neque in
occasione avaritiæ :
Deus testis est : nec
quærentes ab homini-
bus gloriam , neque à
vobis , neque ab aliis;
cum possemus vobis
oneri esse ut Christi

ORAISON.

O Dieu, qui avez orné le
bienheureux , etc.
Voir page 120.

*Leçon de l'Epître de S.
Paul , apôtre , aux
Thessaloniciens.*

Frères , mettant notre
confiance en Dieu , nous
vous avons prêché le divin
Evangile avec une grande
sollicitude. Notre prédica-
tion n'était pas une doctrine d'erreur, ni d'impureté,
ni pour vous tromper ;
mais Dieu nous a donné
mission pour prêcher son
Evangile : aussi parlons-
nous, non comme pour
plaire aux hommes, mais
à Dieu qui sonde nos
cœurs. En effet, nous
n'avons pas parlé le lan-
gage de l'adulation, vous
le savez, ni par avarice,
Dieu en est témoin. Nous
n'avons pas cherché la
gloire qui vient des hom-
mes, ni auprès de vous,
ni après des autres ; tandis
que nous pouvions nous
imposer à vous, comme
les apôtres du Christ,

nous nous sommes faits petits enfants au milieu de vous, semblables à la nourrice qui caresse ses petits. Notre dévouement était tel que nous désirions avec ardeur vous donner non-seulement la bonne nouvelle du royaume de Dieu, mais nos âmes, parce que vous nous êtes très chers. Il vous souvient bien, frères, de nos travaux, de nos fatigues, et comment la nuit et le jour nous étions occupés, pour n'être à charge à personne, pendant que nous vous prêchions le divin Evangile.

Apostoli; sed facti sumus parvuli in medio vestrum, tanquam si nutrix foveat filios suos. Ita desiderantes vos, cupide volebamus tradere vobis non solum Evangelium Dei, sed etiam animas nostras; quoniam charissimi nobis facti estis. Memores enim estis fratres, laboris nostri, et fatigationis, nocte ac die operantes, ne quem vestrum gravaremus, prædicavimus in vobis Evangelium Dei.

GRADUEL.

Le juste fleurira comme le palmier, il multipliera comme le cèdre du Liban dans la maison du Seigneur.

℣. Le jour il publiera vos miséricordes, et la nuit votre éternelle vérité. Louez Dieu, louez Dieu.

℣. Le Seigneur donnera avec autorité la parole à ses évangélistes. Louez Dieu.

GRADUALE.

Justus ut palma florebit, sicut cedrus Libani multiplicabitur in domo Domini.

℣. Ad annuntiandum mane misericordiam tuam, et veritatem tuam per noctem. Alleluia, alleluia.

℣. Dominus dabit verbum evangelizantibus virtute multa. Alleluia.

Temp. Pasch. omit-titur Graduale, *et ejus loco dicitur :*

Dans le Temps Pascal, omettez le Graduel, et dites le ℣. suivant :

Alleluia, alleluia.
℣. Dominus dabit verbum evangelizanti-bus virtute multâ. Al-leluia.
℣. Justus germinabit sicut lilium, et florebit in æternum ante Do-minum. Alleluia.

Louez Dieu, etc.
℣. Le Seigneur donnera la parole aux évangélistes avec une vertu puissante. Louez Dieu.
℣. Le juste germera comme le lis, et il fleurira éternellement en présence du Seigneur. Louez Dieu.

Sequentia sancti Evan-gelii secundùm Mat-thæum.

Suite du saint Evangile, selon saint Mathieu.

In illo tempore, circuibat Jesus omnes civitates et castella, docens in synagogis eorum, et prædicans Evangelium regni ; et curans omnem languo-rem, et omnem infir-mitatem. Videns autem turbas, misertus est eis, quia erant vexati et jacentes, sicut oves non habentes pasto-rem. Tunc dixit disci-pulis suis : Messis qui-dem multa, operarii autem pauci. Rogate ergo Dominum messis,

En ce temps-là, Jésus parcourait toutes les villes et tous les villages, ensei-gnant dans leurs synago-gues et prêchant l'Evangile du royaume céleste, et guérissant toutes les infir-mités. Or, en voyant cette multitude, il se prit de compassion pour elle, car ils étaient oppressés et couchés comme des brebis sans pasteur. Alors il dit à ses disciples : la moisson est abondante, mais les ouvriers en petit nombre. Priez donc le maître de la moisson afin qu'il envoie

Saint J.-F. Régis.

des ouvriers en sa maison.
— Louange à vous, Jésus-
Christ.

ut mittat operarios in
messem suam. Credo.

OFFERTOIRE.

Les infortunés appe-
laient sur moi les bénédictions du ciel : je consolais
le cœur de la veuve, j'é-
tais l'œil de l'aveugle, et
le pied du boiteux ; j'étais
le père des pauvres.

OFFERTORIUM.

Benedictio perituri
super me veniebat, et
cor viduæ consolatus
sum, oculus fui cœco,
et pes claudo ; pater
eram pauperum.

SECRÈTE.

Que la victime de cha-
rité que nous offrons dans
le sacrifice nous soit pro-
pitiatoire, Seigneur ; par
votre miséricorde, et par
les prières et les mérites du
B. Jean-François, qu'elle
soit efficace et salutaire
pour nous obtenir accroissement de patience et de
charité ; par N.-S. J.-C.,
qui vit et règne, etc.

SECRETA.

Charitatis victima,
quam immolantes offe-
rimus, sit nobis ; Do-
mine, te miserante,
propitiabilis et B. Jo-
annis Francisci preci-
bus et meritis ad obti-
nendum patientiæ et
charitatis augmentum
efficax et salutaris. Per
Dominum.

COMMUNION.

Qu'ils sont beaux sur
les montagnes les pieds de
celui qui annonce et qui
prêche la paix, qui an-
nonce le bonheur, qui prêche le salut !

COMMUNIO.

Quam pulchri super
montes pedes annun-
tiantis et prædicantis
pacem, annuntiantis
bonum, prædicantis
salutem !

POSTCOMMUNIO.

Crescat in nobis, Domine, pietatis tuæ effectus salutaris, ut cœlesti pabulo refecti, et sanctorum exemplis accensi, ad æternæ salutis portum, te misericorditer protegente, et beato Joanne Francisco intercedente, feliciter pervenire valeamus. Per Dominum.

POSTCOMMUNION.

Puisse croître en nous, Seigneur, l'effet salutaire de votre amour, afin que restaurés par l'aliment céleste et enflammés par les exemples des saints, nous puissions, avec la protection de votre miséricorde et l'intercession du B. Jean-François, parvenir heureusement au port du salut éternel. Par N.-S. J.-C. votre fils.

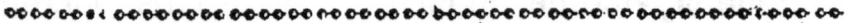

MESSE

DE SAINT JEAN-FRANÇOIS RÉGIS

SELON LE RIT DU DIOCÈSE DE VIVIERS.

INTROITUS.

Sacerdotes Sion induam salutari, et sancti ejus exultatione exultabunt. *Ps.* Memento Domine David, et omnis mansuetudinis ejus.

INTROÏT.

Je revêtirai les prêtres de Sion d'un vêtement de salut, et les saints tressailleront de joie. *Ps.* Souvenez-vous de David, Seigneur, et de toute sa mansuétude.

Gloire. Je revêtirai. *Ps.* 131.

ORAISON.

O Dieu, qui avez orné, etc.
Voir page 120.

Leçon du prophète Mala-chie, ch. 2.

Vous saurez que je vous envoie ce nouvel ordre pour confirmer mon pacte avec Lévi, dit le Seigneur des armées. Mon pacte avec lui fut un pacte de vie et de paix; je lui ai donné l'esprit de crainte, et il m'a craint, et à la face de mon nom il était pénétré de frayeur. La loi de vé-rité a toujours été dans sa bouche, et l'iniquité n'a pas souillé ses lèvres. Il a marché avec moi dans la paix et dans la justice, et il a détourné beaucoup de personnes de l'iniquité. Les lèvres du prêtre seront les gardiennes de la scien-ce, et c'est à sa bouche qu'on demandera la loi, parce qu'il est l'ange du Seigneur des armées.

Gloria. Sacerdotes.
Ps. 131.

OREMUS.

Deus qui ad pluri-mos pro salute, etc.
Voir page 120.

Lectio Malachiæ pro-phetæ, ch. 2.

Scietis quia misi ad vos mandatum istud, ut esset pactum meum cum Levi, dicit Domi-nus exercituum. Pac-tum meum fuit cum eo vitæ et pacis, et dedi ei timorem; et timuit me, et à facie nominis mei parebat. Lex veritatis fuit in ore ejus; et iniquitas non est inventa in la-biis ejus. In pace et in æquitate ambulavit mecum, et multos averti ab iniquitate. Labia enim sacerdotis custodiunt scientiam, et legem requirent ex ore ejus : quia angelus Domini exercituum est.

GRADUALE.

Sanctificabor in iis qui appropinquant mihi, et in conspectu omnis populi glorificabor.

℣. Si quis mihi ministraverit, honorificabit eum Pater meus. *Levit.* 10, *Joan.* 12.

Alleluia. Alleluia.

℣. Circumdabo altare tuum, Domine, ut audiam vocem laudis, et enarrem universa mirabilia tua. Alleluia. *Ps.* 25.

Sequentia sancti Evangelii secundùm Matthæum, ch. 9.

In illo tempore, etc. *Voir la Messe précédente.*

OFFERTORIUM.

Immolavi in tabernaculo Domini hostiam vociferationis; cantabo et psalmum dicam Domino. *Ps.* 26.

GRADUEL.

Ma sainteté apparaîtra dans ceux qui m'approchent, et ils me glorifieront en présence de tout le peuple.

℣. Celui qui me servira, mon Père l'honorera. *Lévit.* 10, *Jean* 12.

Louez Dieu. Louez Dieu.

℣. J'environnerai votre autel, Seigneur, pour entendre la voix de sa louange, et je raconterai moi-même toutes vos merveilles *Ps.* 25.

Suite du saint Evangile selon saint Matthieu.

En ce temps là, etc. *Voir la Messe précédente.*

OFFERTOIRE.

J'ai offert dans le tabernacle du Seigneur un sacrifice de louanges; je chanterai et je psalmodierai à sa gloire. *Ps.* 26.

SECRÈTE.

Puisse vous plaire, Seigneur Dieu, par l'intercession du bienheureux Jean-François, cette oblation gage de notre service, de manière qu'elle dissolve les liens de nos péchés, et nous concilie les dons de votre miséricorde : par notre Seigneur, etc.

COMMUNION.

Si quelqu'un me sert, qu'il me suive ; et où je suis, le sera aussi mon serviteur. *Jean* 12.

POSTCOMMUNION.

Que les sacrements que nous avons reçus, Seigneur, en cette fête du saint prêtre Jean-François, nous vivifient ; et qu'après nous avoir confirmés dans votre amour, ils nous préservent de la servitude du péché. Par notre Seigneur, etc.

SECRETA.

Placeat tibi, Domine Deus, intercedente beato Joanne Francisco presbytero, hæc nostræ servitutis oblatio, quæ et peccatorum nostrorum vincula dissolvat, et tuæ nobis misericordiæ dona conciliet. Per Dominum.

COMMUNIO.

Si quis mihi ministrat, me sequatur ; et ubi sum ego, illic et minister meus erit. *Joan.* 12.

POSTCOMMUNIO

Sacramenta nos, Domine, in festivitate sancti Joannis Francisci presbyteri, sumpta vivificent ; et in tua caritate firmatos à peccati servitute tueantur : per Dominum.

VÊPRES

DE SAINT JEAN·FRANÇOIS RÉGIS

SELON LE RIT ROMAIN.

— ◁●▷ —

Deus, in adjutorium meum intende.
Domine, ad adjuvandum me festina.
Gloria Patri, etc.
Alleluia, *ou* Laus tibi, Domine, Rex æternæ gloriæ.

PSAUME 109.

Dixit Dominus Domino meo : Sede à dextris meis.
Donec ponam inimicos tuos, scabellum pedum tuorum.
Virgam virtutis tuæ emittet Dominus ex Sion ; dominare in medio inimicorum tuorum.
Tecum principium in die virtutis tuæ, in splendoribus sanctorum ; ex utero ante luciferum genui te.
Juravit Dominus, et non pœnitebit eum : Tu es sacerdos in æternum, secundùm ordinem Melchisedech.
Dominus à dextris tuis, confregit in die iræ suæ Reges.
Judicabit in nationibus, implebit ruinas ; conquassabit capita in terrà multorum.
De torrente in viâ bibet ; proptereà exaltabit caput.
Gloria Patri, etc.

PSAUME 110.

CONFITEBOR tibi, Domine, in toto corde meo : in concilio justorum et congregatione.

Magna opera Domini : exquisita in omnes voluntates ejus.

Confessio et magnificentia opus ejus : et justitia ejus manet in seculum seculi.

Memoriam fecit mirabilium suorum, misericors et miserator Dominus : escam dedit timentibus se.

Memor erit in seculum testamenti sui : virtutem operum suorum annuntiabit populo suo.

Ut det illis hæreditatem gentium, opera manuum ejus veritas et judicium.

Fidelia omnia mandata ejus, confirmata in seculum seculi : facta in veritate et æquitate.

Redemptionem misit populo suo : mandavit in æternum testamentum suum.

Sanctum et terribile nomen ejus ; initium sapientiæ timor Domini.

Intellectus bonus omnibus facientibus eum : laudatio ejus manet in seculum seculi. — Gloria Patri, etc.

PSAUME 111.

BEATUS vir qui timet Dominum; in mandatis ejus volet nimis.

Potens in terrâ erit semen ejus, generatio rectorum benedicetur.

Gloria et divitiæ in domo ejus, et justitia ejus manet in seculum seculi.

Exortum est in tenebris lumen rectis misericors, et miserator, et justus.

Jucundus homo qui miseretur et commodat, disponet sermones suos in judicio : quia in æternum non commovebitur.

In memoriâ æternâ erit justus; ab auditione malâ non timebit.

Paratum cor ejus sperare in Domino, confirmatum est cor ejus; non commovebitur donec despiciat inimicos suos.

Dispersit, dedit pauperibus, justitia ejus manet in seculum seculi ; cornu ejus exaltabitur in gloriâ.

Peccator videbit, et irascetur; dentibus suis fremet et tabescet : desiderium peccatorum peribit.

Gloria Patri, etc.

PSAUME 112.

LAUDATE, pueri, Dominum; laudate nomen Domini.

Sit nomen Domini benedictum, ex hoc nunc et usque in seculum.

A solis ortu usque ad occasum, laudabile nomen Domini.

Excelsus super omnes gentes Dominus, et super cœlos gloria ejus.

Quis sicut Dominus Deus noster, qui in altis habitat, et humilia respicit in cœlo et in terrâ ?

Suscitans à terrâ inopem, et de stercore erigens pauperem.

Ut collocet eum cum principibus, cum principibus populi sui.

Qui habitare facit sterilem in domo, matrem filiorum lætantem.

Gloria Patri, etc.

PSAUME 113.

IN exitu Israel de Ægypto, domus Jacob de populo barbaro.

Facta est Judæa sanctificatio ejus, Israel potestas ejus.

Mare vidit et fugit ; Jordanis conversus est retrorsùm.

Montes exultaverunt ut arietes, et colles sicut agni ovium.

Quid est tibi, mare, quod fugisti ? et tu, Jordanis, quia conversus es retrorsùm ?

Montes exultâstis sicut arietes, et colles sicut agni ovium?

A facie Domini mota est terra, à facie Dei Jacob.

Qui convertit petram in stagnâ aquarum, et rupem in fontes aquarum.

9.

Non nobis, Domine, non nobis; sed nomini tuo da gloriam, super misericordiâ tuâ et veritate tuâ,

Nequandò dicant gentes : Ubi est Deus eorum?

Deus autem noster in cœlo, omnia quæcumque voluit fecit.

Simulacra gentium argentum et aurum, opera manuum hominum.

Os habent, et non loquentur; oculos habent, et non videbunt.

Aures habent, et non audient; nares habent, et non odorabunt.

Manus habent, et non palpabunt; pedes habent, et non ambulabunt; non clamabunt in gutture suo.

Similes illis fiant qui faciunt ea, et omnes qui confidunt in eis.

Domus Israel speravit in Domino : adjutor eorum et protector eorum est.

Domus Aaron speravit in Domino : [adjutor eorum et protector eorum est.

Qui timent Dominum speraverunt in Domino : adjutor eorum et protector eorum est.

Dominus memor fuit nostri, et benedixit nobis.

Benedixit domui Israel, benedixit domui Aaron.

Benedixit omnibus qui timent Dominum, pusillis cum majoribus.

Adjiciat Dominus super vos, super vos et super filios vestros.

Benedicti vos à Domino, qui fecit cœlum et terram.

Cœlum cœli Domino, terram autem dedit filiis hominum.

Non mortui laudabunt te, Domine; neque omnes qui descendunt in infernum.

Sed nos qui vivimus, benedicimus Domino, ex hoc nunc et usque in seculum.

Gloria Patri, etc.

PSAUME 146.

Laudate Dominum omnes gentes, laudate eum omnes populi.

Quoniam confirmata est super nos misericordia ejus, et veritas Domini manet in æternum. Gloria Patri, etc.

Capitulum. Eccli. 31.

Beatus vir qui inventus est sine maculâ et qui post aurum abiit nec speravit in pecunia et thesauris. Quis est hic, et laudabimus eum? fecit enim mirabilia in vitâ suâ.

HYMNUS.

Iste Confessor Domini, colentes
Quem piè laudant populi per orbem,
Hâc die lætus meruit supremos
    Laudis honores.
Qui pius, prudens, humilis, pudicus,
Sobriam duxit sine labe vitam
Donec humanos animavit auræ
    Spiritus artus.
Cujus ob præstans meritum frequenter,
Ægra, quæ passim jacuêre membra,
Viribus morbi domitis, saluti
    Restituuntur.
Noster hinc illi chorus obsequentem
Concinit laudem ; celebresque palmas.
Ut piis ejus precibus juvemur
    Omne per ævum.
Sit salus illi, decus, atque virtus,
Qui super cœli solio coruscans,
Totius mundi seriem gubernat
    Trinus et unus.   Amen.

℣. Amavit eum Dominus, et ornavit eum ;
℟. Stolam gloriæ induit eum.

CANTIQUE DE LA SAINTE VIERGE.
LUC 1.

MAGNIFICAT anima mea Dominum,
Et exultavit spiritus meus, in Deo salutari meo;

Quia respexit humilitatem ancillæ suæ : ecce enim ex hoc beatam me dicent omnes generationes.

Quia fecit mihi magna qui potens est, et sanctum nomen ejus.

Et misericordia ejus à progenie in progenies, timentibus eum.

Fecit potentiam in brachio suo ; dispersit superbos mente cordis sui.

Deposuit potentes de sede, et exaltavit humiles.

Esurientes implevit bonis, et divites dimisit inanes.

Suscepit Israel puerum suum, recordatus misericordiæ suæ.

Sicut locutus est ad patres nostros, Abraham et semini ejus in secula.

Gloria Patri, etc.

Ad Magnificat, *Ant.* Similabo eum, viro sapienti qui ædificavit domum suam supra petram.

ORATIO.

Deus, qui ad plurimos, *page* 120.

ANTIENNE A LA SAINTE VIERGE.

Salve, Regina, Mater misericordiæ, vita, dulcedo et spes nostra, salve. Ad te clamamus, exules filii Eve. Ad te suspiramus gementes et flentes in hâc lacrymarum valle. Eia, ergo, Advocata nostra, illos tuos misericordes oculos ad nos converte. Et Jesum benedictum fructum ventris tui, nobis post hoc exilium ostende. O clemens ! ô pia ! ô dulcis Virgo Maria !

℣. Ora pro nobis, sancta Dei Genitrix.

℟. Ut digni efficiamur promissionibus Christi.

VÊPRES

SELON LE RIT DU DIOCÈSE DE VIVIERS.

(Mêmes Psaumes que selon le rit Romain.)

CAPITULUM.

Fratres, vos testes estis et Deus, quam sancte et juste et sine
querela, vobis qui credidistis, fuimus; sicut scitis qualiter
unumquemque vestrum, sicut Pater filios suos, deprecantes
vos et consolantes testificati sumus, ut ambularetis digni Deo
qui vocavit vos in suum regnum et gloriam. Deo gratia-

HYMNUS.

O nimis felix La Lovesca! plaude
Ossa quæ servas pretiosa Regis,
Cui caput sacrâ redimere lauro
    Gestit Olympus.
Hic Deo plenus, teneris sub annis,
Concipit magnos animo triumphos;
Major et mundo peritura quæque
    Gaudia calcat.
Mox novus Christi capit arma miles,
Tartarus frendet, vitium fugatur:
Quot dedit pugnas, totidem trophæa
    Fama recenset.
Efferos cultus hominum reformat:
Grandibus dictis domat obstinatos;
Grandior quanquam traheret silendo
    Moribus omnes.

Sævæ quæ rupes ! quod iter ferarum
Huic inaccessum ! quod inhospitale
Littus ! ut possit tibi, Christe, plura
    Corda lucrari.
Pauperum viles casulas pererrat :
Hos bonus curat Pater, atque nutrit ,
Vestit et nudos veluti sub illis,
    Christe , lateres.
Mors venit tandem , toties vocata ;
Pauperum cinctus moritur corona ;
Vivit at Cœlo, cinis et jacentem
    Altiùs effert.
Dive ! nos vultu placido precantes,
Cerne , dùm regnas solio perenni,
Insidens astris animumque toto
    Numine mergens.
Patris et Nati, Paracleti summum
Spiritùs numen , duce quo phalanges
Vicit infernas animosus Heros ,
    Mundus adoret.   Amen.

ANTIENNE DU *Magnificat*.

Ministerium implevit , cursum consummavit, fidem serva-
vit, data est ei corona justitiæ , et nunc orat pro populo.

Bénédiction du Saint-Sacrement.

HYMNUS.

PANGE, lingua, gloriosi
Corporis mysterium ,
Sanguinisque pretiosi,
Quem in mundi pretium,
Fructus ventris generosi ,
Rex effudit gentium.
    Nobis datus, nobis natus

Ex intactâ Virgine,
Et in mundo conversatus,
Sparso verbi semine,
Sui moras incolatùs*
Miro clausit ordine.

In supremæ nocte cœnæ,
Recumbens cum fratribus,
Observatâ lege plenè,
Cibis in legalibus,
Cibum turbæ duodenæ
Se dat suis manibus.

Verbum caro, panem verum,
Verbo carnem efficit,
Fitque sanguis Christi merum
Et si sensus deficit;
Ad firmandum cor sincerum,
Sola fides sufficit.

Tantum ergò Sacramentum
Veneremur cernui,
Et anticuum documentum
Novo cedat ritui,
Præstet fides supplementum
Sensuum defectui.

Genitori, Genitoque,
Laus et jubilatio;
Salus, honor, virtus quoque
Sit et benedictio:
Procedenti ab utroque
Compar sit laudatio.

HYMNUS.

O salutaris hostia,
Quæ cœli pandis ostium;
Bella premunt hostilia,
Da robur, fer auxilium.

℣. Panem de cœlo præstitisti eis.
℟. Omne delectamentum in se habentem.

OREMUS.

Deus, qui nobis sub sacramento mirabili passionis tuæ memoriam reliquisti : tribue, quæsumus, ita nos corporis et sanguinis tui sacra mysteria venerari ; ut redemptionis tuæ fructum in nobis jugiter sentiamus. Qui vivis et regnas cum Deo Patre in unitate Spiritûs sancti. Amen.

EXERCICE

DU

CHEMIN DE LA CROIX.

O CRUX, ave, spes unica ! Mundi salus et gloria, Auge piis justitiam, Reisque dona veniam.

SALUT, ô Croix, mon unique espérance, la gloire et le salut du monde ; rendez le juste plus juste encore, et obtenez aux pécheurs le pardon.

Vive Jésus ! vive sa Croix !
Oh ! qu'il est bien juste qu'on l'aime,
Puisqu'en expirant sur ce bois
Il nous aima plus que lui-même !
Disons donc tous à haute voix :
Vive Jésus ! vive sa Croix !

PRIÈRE QUE L'ON DOIT FAIRE DEVANT LE MAITRE-AUTEL.

O Jésus, notre aimable Sauveur, nous voici humblement prosternés à vos pieds, afin d'implorer votre divine miséricorde pour nous et pour les âmes des fidèles défunts. Daignez nous appliquer à tous les mérites infinis de votre sainte Passion que nous allons méditer. Faites que, dans cette voie de soupirs et de larmes où nous entrons, nos cœurs soient tellement contrits et repentants, que nous embrassions avec joie toutes les contradictions, les souffrances et les humiliations de cette vie.

Et vous, ô divine Marie, qui la première nous avez enseigné à faire le *Chemin de la Croix*, obtenez de l'adorable Trinité qu'elle daigne accepter, en réparation de tant d'injures qui lui sont faites, les affections de douleur et d'amour dont l'Esprit vivificateur nous favorisera pendant ce saint exercice.

Suivons sur la montagne sainte
Notre Sauveur sanglant, défiguré ;
Et marchons après lui sans crainte
Sous le poids *(bis)* de l'abre sacré.

O sainte Mère, imprimez profondément dans mon cœur les plaies de Jésus crucifié.

Sancta Mater, istud agas :
Crucifixi fige plagas
Cordi meo validè.

Seigneur, malgré votre innocence,
C'est moi, cruel, qui vous livre au trépas :
Se peut-il que votre vengeance
De ses traits *(bis)* ne m'accable pas ?

O sainte Mère, etc.

Sancta Mater, etc.

Iʳᵉ STATION.

℣. Nous vous adorons, ô Jésus, et nous vous bénissons ;

℟. Parce que vous avez racheté le monde par votre sainte Croix.

℣. Adoramus te, Christe, et benedicimus tibi ;

℟. Quia per sanctam Crucem tuam redemisti mundum.

Jésus est condamné à mort.

Considérons la soumission admirable de Jésus lorsqu'il reçoit cette injuste sentence, et tâchons de bien nous persuader que ce ne fut pas seulement Pilate qui le condamna, mais nous tous ici présents, et tous les pécheurs de l'univers qui demandions sa mort. Disons-lui donc, pénétrés de la plus vive douleur :

O adorable Jésus, puisque ce sont nos crimes qui vous ont conduit au trépas, faites que nous les détestions de tout notre cœur, afin que notre repentir et notre pénitence nous obtiennent pardon et miséricorde.

Pater noster, etc.	Notre Père, etc.
Ave Maria, etc.	Je vous salue, Marie, etc.
Gloria Patri, etc.	Gloire au Père, etc.
℣. Miserere nostrî, Domine ;	℣. Ayez pitié de nous ; Seigneur ;
℟. Miserere nostrî.	℟. Ayez pitié de nous.
℣. Fidelium animæ, per misericordiam Dei, requiescant in pace.	℣. Que les âmes des fidèles reposent en paix par la miséricorde de Dieu.
℟. Amen.	℟. Ainsi soit-il.

Hélas, sous cette Croix pesante,
Divin Agneau, vous portez nos péchés ;
C'est sur votre chair innocente
Que l'amour (*bis*) les tient attachés.

Sancta Mater, etc.   O sainte Mère, etc.

—◄◆►—

IIᵉ STATION.

℣. Adoramus te, etc.   ℣. Nous vous adorons, etc.

Jésus est chargé de sa Croix.

Considérons avec quelle douceur notre divin Maître reçoit sur ses épaules meurtries et ensanglantées le terrible instrument de son supplice. C'est ainsi qu'il veut nous enseigner à porter notre croix, en acceptant avec la plus grande résignation les maux qui nous sont envoyés du ciel, ou qui nous viennent de la part des créatures.

O doux Jésus, ce n'était point à vous à porter cette Croix, puisque vous étiez innocent : mais à nous, misérables pécheurs, chargés de toutes sortes d'iniquités. Donnez-nous donc la force de vous imiter, en supportant sans murmure les revers et les disgrâces de cette vie, qui, dans l'ordre admirable de votre Providence paternelle, doivent être pour nous l'occasion de satisfaire à votre justice, et le moyen d'arriver à la céleste patrie.

Pater noster. — Ave, Maria. — Gloria Patri.

℣. Ayez pitié de nous, etc.   ℣. Miserere nostrî, etc.

℣. Que les âmes, etc.   ℣. Fidelium, etc.

O ciel ! le Dieu de la nature
Tombe affaibli sous un cruel fardeau ;
Et sa perfide créature
Sans pitié (*bis*) devient son bourreau.

O sainte Mère, etc.   Sancta Mater, etc.

IIIᵉ STATION.

℣. Nous vous adorons, etc.   ℣. Adoramus te, etc.

Jésus tombe sous le poids de sa Croix.

Considérons Jésus-Christ entré dans la route du Calvaire. Le sang qu'il a répandu dans la flagellation et le couronnement d'épines l'a tellement affaibli qu'il tombe sous son pesant fardeau, et ne se relève qu'après les outrages les plus sanglants, qu'il endure sans témoigner aucun sentiment d'indignation. Voilà comment il a voulu expier toutes nos chutes, et nous apprendre à nous relever par les austérités de la pénitence, quand nous avons eu le malheur de tomber dans l'abîme du péché.

O bon Jésus, tendez-nous une main secourable au milieu de tant de dangers auxquels nous sommes exposés. Daignez nous fortifier dans nos faiblesses, afin qu'après vous avoir suivi courageusement sur le Calvaire, nous puissions y goûter les fruits délicieux de l'arbre de vie, et devenir éternellement heureux avec vous.

Pater noster. — Ave, Maria. — Gloria Patri.

℣. Miserere nostrî, etc.

℣. Ayez pitié de nous, etc.

℣. Fidelium, etc.

℣. Que les âmes, etc.

Arrêtez, ô divine Mère !
Quelle douleur ! Ah ! pour vous je frémis !
Bientôt, sur ce triste Calvaire,
Va mourir (*bis*) votre aimable fils.

Sancta Mater, etc.

O sainte Mère, etc.

— o✚✚✚o —

IVᵉ STATION.

℣. Adoramus te, etc.

℣. Nous vous adorons, etc.

Jésus rencontre sa très sainte Mère.

Considérons combien il fut douloureux pour ce divin fils de voir cette mère chérie dans des circonstances si cruelles ; et pour Marie, de voir son aimable fils traîné inhumainement par une troupe de scélérats, au milieu d'un peuple innombrable qui le charge d'injures. A cette vue son cœur maternel est percé de mille glaives, et est livré à toutes les angoisses. Elle voudrait délivrer notre Sauveur, et l'arracher des mains de ses bourreaux; mais elle sait qu'il faut que notre salut s'opère ainsi. Unissant donc le sacrifice de son amour à celui de son fils, elle partage toutes ses souffrances, et s'attache à lui jusqu'au dernier soupir.

O Marie, mère de douleur, obtenez-nous cet amour ardent avec lequel vous accompagnâtes Jésus-Christ sur la montagne sainte, et cette fermeté que vous fîtes paraître au pied de la Croix, afin que nous y demeurions constamment avec vous, et que rien ne puisse jamais nous en séparer.

Pater noster. — Ave, Maria. — Gloria Patri.

℣. Ayez pitié de nous, etc.

℣. Miserere nostrî, etc.

℣. Que les âmes, etc.

℣. Fidelium, etc.

Puisque c'est moi qui suis coupable,
Retirez-vous, faible Cyrénéen :
Je veux seul, ô Croix adorable,
Vous porter (*bis*) mais en vrai chrétien.

O sainte Mère, etc.

Sancta Mater, etc.

Ve STATION.

℣. Nous vous adorons, etc.

℣. Adoramus te, etc.

Simon le Cyrénéen aide Jésus à porter sa Croix.

Considérons la grande bonté de Jésus-Christ envers nous. S'il permet qu'on l'aide à porter sa Croix, ce n'est pas qu'il manque de force, étant celui qui soutient l'univers; mais il veut nous enseigner à unir nos souffrances aux siennes, et à partager avec lui son calice d'amertume.

O Jésus, notre maître, vous avez bu le plus amer de votre calice, et vous ne nous en avez laissé que la plus petite partie. Ne permettez pas que nous soyons assez ennemis de nous-mêmes pour la refuser. Faites, au contraire, que nous l'acceptions volontiers, afin de nous rendre dignes de participer aux torrents de délices dont vous enivrez vos élus dans la terre des vivants.

Pater noster. — Ave, Maria. — Gloria Patri.

℣. Miserere nostrî, etc.

℣. Ayez pitié de nous, etc.

℣. Fidelium, etc.

℣. Que les âmes, etc.

> Seigneur, hélas! qu'est devenue
> Votre beauté qui réjouit les saints?
> Ingrats mortels, à cette vue,
> Serez-vous (*bis*) endurcis et vains?

Sancta Mater, etc.　　　O sainte Mère, etc.

VIᵉ STATION.

℣. Adoramus te, etc.

℣. Nous vous adorons, etc.

Une femme pieuse essuie la face de Jésus-Christ.

Considérons l'action héroïque de cette sainte femme, qui s'avance à travers la foule des soldats pour voir son divin maître. Elle l'aperçoit tout couvert de crachats, de poussière, de sueur et de sang. Un tel spectacle attendrit son âme jusqu'aux larmes ; et, son amour la mettant au-dessus de toute crainte, elle s'approche de Jésus, essuie ce visage défiguré, cette auguste face qui ravit tous les saints, devant laquelle les Anges se couvrent de leurs ailes, ne pouvant en soutenir l'éclat.

O Jésus, le plus beau des enfants des hommes, en quel état vous a réduit votre amour pour nous ! Non, jamais vous n'avez été plus digne de nos adorations et de nos hommages. Nous vous adorons donc, et, prosternés devant votre divine majesté, nous vous supplions d'oublier toutes nos offenses, et de rendre à notre âme son ancienne beauté qu'elle a perdue par le péché.

Pater noster. — Ave, Maria. — Gloria Patri.

℣. Ayez pitié de nous, etc.

℣. Que les âmes, etc.

℣. Miserere nostrî, etc.

℣. Fidelium, etc.

Sous les coups des bourreaux perfides
Jésus-Christ tombe une seconde fois,
Et ces infâmes déicides
Le voudraient (bis) déjà sur la Croix.

O sainte Mère, etc.

Sancta Mater, etc.

VIIᵉ STATION.

℣. Nous vous adorons, etc.

℣. Adoramus te, etc.

Jésus tombe par terre pour la seconde fois.

Considérons l'Homme-Dieu succombant derechef. Contemplons cette sainte victime étendue par terre sous le faix horrible du bois de son sacrifice, exposée de nouveau à la cruauté des soldats et de ses meurtriers. C'est encore pour nous donner des preuves de son amour infini que Jésus-Christ permet cette seconde chute. Il veut aussi nous montrer par là que, retombant si souvent dans le péché, nous ne devons néanmoins jamais perdre confiance, mais tout espérer de sa miséricorde, et qu'au milieu des plus grandes afflictions il ne faut pas se laisser aller au découragement ; que la voie du ciel est semée de ronces et d'épines ; que pour être glorifié il faut auparavant passer par le creuset des souffrances.

O Jésus, notre force, préservez-nous de toute rechute, et ne permettez pas que nous ayons le malheur, en nous perdant, de rendre inutiles tant de fatigues et de peines que vous avez endurées pour nous délivrer de la mort éternelle.

Pater noster. — Ave, Maria. — Gloria Patri.

℣. Miserere nostrî, etc.   ℣. Ayez pitié de nous, etc.

℣. Fidelium, etc.   ℣. Que les âmes, etc.

Ne pleurez point sur mes souffrances,
Pleurez sur vous, ô filles d'Israël !
Priez que le Dieu des clémences
Ait pour vous (*bis*) un cœur paternel.

Sancta Mater, etc.   O sainte Mère, etc.

VIIIᵉ STATION.

℣. Adoramus te, etc.   ℣. Nous vous adorons, etc.

Jésus console les filles d'Israël qui le suivent.

Admirons ici la générosité incomparable de Jésus-Christ. Il oublie, pour ainsi dire, ses propres souffrances, afin de ne s'occuper que de celles des saintes femmes, et de leur procurer les consolations dont elles ont besoin dans le grand abattement où son état déplorable les a jetées. En leur recommandant de ne point pleurer sur lui, mais plutôt sur elles-mêmes et sur leur perfide patrie, il nous fait sentir que son cœur serait peu sensible à notre compassion si nous ne commencions par pleurer nos péchés, qui sont la cause de ses douleurs.

O aimable Jésus, vrai consolateur des âmes affligées, daignez jeter sur nous des regards de tendresse et de miséricorde; faites-nous la grâce de vous accompagner constamment dans le *Chemin de la Croix* avec les filles de Jérusalem, afin d'y entendre comme elles des paroles de vie, et d'y jouir de vos ineffables consolations.

Pater noster. — Ave, Maria. — Gloria Patri.

℣. Ayez pitié de nous, etc.

℣. Que les âmes, etc.

℣. Miserere nostrî, etc.

℣. Fidelium, etc.

Seigneur, vous tombez de faiblesse :
N'êtes-vous plus le Dieu puissant et fort?
C'est le péché qui vous oppresse,
Et conduit (*bis*) vos pas à la mort.

O sainte Mère, etc.　　　　Sancta Mater, etc.

— ◦×❃×◦ —

IXᵉ STATION.

℣. Nous vous adorons, etc.

℣. Adoramus te, etc.

Jésus tombe pour la troisième fois.

Considérons l'adorable Jésus arrivé au sommet du Calvaire. Il jette ses regards sur le lieu où il va bientôt être sacrifié à la fureur de ses ennemis. Ce qui l'occupe en ce moment, ce sont nos chutes sans fin et l'inutilité de son sang pour le grand nombre des pécheurs. Cette pensée cruelle le consterne et afflige son tendre cœur plus que tous les supplices qu'il doit encore souffrir. Elle jette son âme dans une si profonde tristesse et dans un si cruel abattement, que, ses forces venant à lui manquer, comme dans son agonie, il se laisse aller la face contre terre.

O Jésus, victime d'amour, voici donc que vous allez être immolé pour le salut des hommes. Daignez nous appliquer les mérites de votre sacrifice dans le temps, afin que nous puissions vous offrir celui de nos louanges pendant l'éternité.

Pater noster. — Ave, Maria. — Gloria Patri.

℣. Miserere nostrî, etc.　　℣. Ayez pitié de nous, etc.

℣. Fidelium, etc.　　℣. Que les âmes, etc.

> Venez, et déployez vos ailes,
> Anges du ciel, sur votre Créateur;
> Voilez ses blessures cruelles,
> Et ce corps (*bis*) navré de douleur.

Sancta Mater, etc.　　O sainte Mère, etc.

Xᵉ STATION.

℣. Adoramus te, etc.　　℣. Nous vous adorons, etc.

Jésus est dépouillé de ses vêtements.

Considérons combien fut grande la douleur de Jésus-Christ lorsque les bourreaux lui arrachèrent ses habits. Toutes les plaies qu'il avait reçues, et qui avaient collé sa robe contre sa chair sacrée, se rouvrirent en ce moment, pour lui faire souffrir à la fois les tourments de la flagellation. Mais ce qui lui fut encore plus sensible, ce fut de se voir exposé tout nu à la vue d'une foule immense de spectateurs.

O Jésus, divin Agneau, vous voilà donc parvenu au lieu de votre supplice, sans que vous ayez ouvert la bouche pour vous plaindre. Ah! que votre silence est éloquent et énergique! Avec quelle force ne nous prêche-t-il pas la nécessité de réprimer nos impatiences et nos murmures! Vous vous laissez encore dépouiller de vos vêtements, pour expier le malheur que nous avons eu de perdre le don précieux de la grâce. Daignez donc nous le faire recouvrer, et nous dépouiller entièrement du vieil homme, afin que nous ne vivions plus que selon les sentiments de votre cœur adorable.

Pater noster. — Ave, Maria. — Gloria Patri.

℣. Ayez pitié de nous, etc.

℣. Miserere nostrî, etc.

℣. Que les âmes, etc.

℣. Fidelium, etc.

Que faites-vous, peuple barbare?
Vous allez donc consommer vos forfaits :
Ce bois est le lit qu'on prépare
A Jésus (*bis*) pour tant de bienfaits.

O sainte Mère, etc.

Sancta Mater, etc.

XIᵉ STATION.

℣. Nous vous adorons, etc.

℣. Adoramus te, etc.

Jésus est attaché à la Croix.

Considérons Jésus-Christ s'offrant à ses bourreaux pour être crucifié, et s'étendant lui-même sur l'arbre de la Croix.

Quels tourments ne dut-il pas endurer, dans le temps que coups de marteau enfonçaient les clous dans ses pieds dans ses mains adorables! Alors sa chair se déchire, ses se froissent, ses nerfs se rompent, ses veines se brise le sang, coulant à grands flots, épuise ses forces, et ajo à de si horribles supplices celui de la soif la plus arder

O péché! maudit péché! c'est toi qui fus la ca de cette mer de douleur dans laquelle nous co templons la victime de notre salut. Ah! chrétie quel excès d'amour! quelle immense charité! q cette vue nos cœurs se déchirent et s'embrase qu'ils renoncent à tous les plaisirs de la ter qu'ils soient sans cesse crucifiés avec celui de Jés et que nos yeux versent jour et nuit des torrents larmes.

Pater noster. — Ave, Maria. — Gloria Patri.

℣. Miserere nostrî,   ℣. Ayez pitié de no
etc.   etc.

℣. Fidelium, etc.   ℣. Que les âmes, etc.

Le soleil, à ce crime horrible,
Voile l'éclat de son front radieux;
Et la créature insensible
S'émeut à (*bis*) ce spectacle affreux.

Sancta Mater, etc.   O sainte Mère, etc.

XIIe STATION.

Jésus meurt sur la Croix.

℣. Adoramus te,   ℣. Nous vous adoro
etc.   etc.

Considérons Jésus, le Dieu de toute sainteté, expir entre deux scélérats, et admirons la douceur et la force de s amour. Il demande à son Père le pardon de ses bourreaux ; il promet sa gloire au bon larron ; il recommande sa mère au disciple bien-aimé ; il remet son âme entre les mains de son Père ; il annonce que tout est consommé, et il expire pour nous. Dans le même instant, toutes les créatures publient sa divinité. La nature entière s'attriste, et semble vouloir s'anéantir en voyant expirer son Créateur.

O pécheurs, n'y aura-t-il que vous qui demeurerez insensibles à ce spectacle attendrissant ! Jetez un regard sur votre Sauveur ; voyez l'état affreux où vos crimes l'ont réduit. Il vous pardonne cependant, si votre repentir est sincère ; il a ses pieds attachés pour vous attendre ; ses bras étendus pour vous recevoir ; son côté ouvert et son cœur blessé pour répandre sur vous toutes ses grâces ; sa tête penchée pour vous donner le baiser de paix et de réconciliation. Accourons donc tous auprès de sa Croix, et mourons pour lui, puisqu'il est mort pour nous.

Pater noster. — Ave, Maria. — Gloria Patri.

℣. Miserere nostrî, etc.

℣. Ayez pitié de nous, etc.

℣. Fidelium, etc.

℣. Que les âmes, etc.

Le voilà donc, Mère affligée,
Ce tendre fils, meurtri, sacrifié !
Notre victime est immolée,
Votre amour (bis) est crucifié.

Sancta Mater, etc.   O sainte Mère, etc.

XIIIe STATION.

℣. Adoramus te, etc.   ℣. Nous vous adorons, etc.

Jésus est déposé de la Croix, et remis à sa mère.

Considérons la douleur extrême de cette tendre mère après la mort de Jésus son divin fils. Elle reçoit ce précieux dépôt entre ses bras, elle contemple son visage pâle, sanglant et défiguré ; elle voit ses yeux éteints, sa bouche fermée, son côté ouvert, ses mains et ses pieds percés. Cette vue est pour elle un martyre ineffable, et dont Dieu seul peut connaître le prix.

O Marie, c'est nous qui sommes la cause de votre affliction, et ce sont nos péchés qui ont transpercé votre âme en attachant Jésus-Christ à la Croix. Daignez, ô Mère de miséricorde, obtenir notre pardon, et nous permettre d'adorer dans vos bras votre amour crucifié. Imprimez tellement dans nos âmes les douleurs que vous ressentîtes au pied de la Croix, que nous n'en perdions jamais le souvenir.

Pater noster. — Ave, Maria. — Gloria Patri.

℣. Miserere nostrî, etc.   ℣. Ayez pitié de nous, etc.

℣. Fidelium, etc.   ℣. Que les âmes, etc.

Près de cette tombe chérie
Je veux mourir de douleur et d'amour,
Pour y puiser une autre vie,
Et voler (*bis*) au divin séjour.

Sancta Mater, etc.   O sainte Mère, etc.

XIVe STATION.

℣. Nous vous adorons,   ℣. Adoramus te,
etc.   etc.

Jésus est mis dans le sépulcre.

Voici donc, Jésus, notre cher Rédempeur, voici donc où repose votre corps adorable, le précieux gage de notre salut. Faites que notre plus grande consolation, dans cette vallée de larmes, soit de nous occuper des supplices et de la mort ignominieuse que vous avez endurés pour nous racheter. Et parce que vous n'avez voulu être placé dans un sépulcre nouveau que pour nous faire connaître que c'est avec un nouveau cœur que nous devons nous approcher de vous dans le sacrement de votre amour, daignez nous purifier de toutes nos taches, et nous rendre dignes de nous asseoir souvent à votre banquet sacré. Ensevelissez dans ce même tombeau toutes nos iniquités et nos convoitises, afin que, mourant à nos passions et à toutes les choses d'ici-bas, pour mener avec vous une vie cachée en Dieu, nous méritions de faire une fin heureuse, et de vous contempler à découvert dans la splendeur de votre gloire.

Pater noster. — Ave, Maria. — Gloria Patri.

℣. Ayez pitié de nous,   ℣. Miserere nostrî,
etc.   etc.
℣. Que les âmes, etc.   ℣ Fidelium, etc.

Seigneur, dans mon âme attendrie
Gravez les maux qu'on vous a fait souffrir :
Et vous, Mère sainte, ô Marie,
Hâtez-vous (*bis*) de nous secourir.

O sainte Mère, etc.   • Sancta Mater, etc.

De retour au Sanctuaire, on dit les versets et les oraisons ci-après :

℣. Adoramus te, Christe, et benedicimus tibi, ℟. Quia per sanctam Crucem tuam redemisti mundum.

℣. Nous vous adorons, ô Jésus, et nous vous bénissons, ℟. Parce que vous avez racheté le monde par votre sainte Croix.

℣. Ora pro nobis, Virgo dolorosissima, ℟. Ut digni efficiamur promissionibus Christi.

℣. Priez pour nous, Vierge de douleur, ℟. Afin que nous devenions dignes des promesses de Jésus-Christ.

℣. Oremus pro Pontifice nostro *N.* ℟. Dominus conservet eum et vivificet eum, beatum faciat eum in terrâ, et non tradat eum in anima inimicorum ejus.

℣. Prions pour notre Pontife *N.* ℟. Que le Seigneur le conserve, lui donne la vie, le rende heureux sur la terre, et ne le livre pas à la puissance de ses ennemis.

℣. Oremus pro fidelibus defunctis. ℟. Requiem æternam dona eis, Domine, et lux perpetua luceat eis.

℣. Prions pour les fidèles défunts. ℟. Donnez-leur, Seigneur, le repos éternel, et que la lumière éternelle les éclaire.

ORAISONS.

DAIGNEZ, Seigneur, regarder d'un œil favorable votre famille, pour laquelle notre Seigneur Jésus-Christ a bien voulu être livré entre les mains des méchants, et souffrir le supplice de la Croix.

NOUS réclamons auprès de votre clémence, Seigneur Jésus, maintenant et à l'heure de notre mort, l'intercession de la bienheureuse Vierge

Marie votre mère, dont le cœur fut percé d'un glaive de douleur au moment de votre Passion.

DIEU tout-puissant et éternel, ayez pitié de votre serviteur N... notre Pontife, et conduisez-le, par votre bonté, dans la voie du salut éternel, afin que, par votre grâce, il désire ce qui vous est agréable, et il l'accomplisse de toutes ses forces.

O DIEU, qui aimez à pardonner et qui désirez le salut des hommes, nous supplions votre miséricorde, par l'intercession de la bienheureuse Marie toujours vierge, et de tous les saints, de faire parvenir à la béatitude éternelle nos frères, nos parents, nos amis et nos bienfaiteurs défunts; Par N.-S. J.-C.

PARDONNEZ, Seigneur, pardonnez à votre peuple; ne soyez pas toujours irrité contre nous.	PARCE, Domine, parce populo tuo; ne in æternum irascaris nobis.
℣. Jésus, plein de miséricorde, donnez aux fidèles trépassés le repos ℞. Eternel.	℣. Pie Jesu, Domine, dona eis requiem ℞. Sempiternam.

On donne ensuite la bénédiction avec la Croix.

TABLE.

TROISIÈME PARTIE. — PARTIE LITURGIQUE.

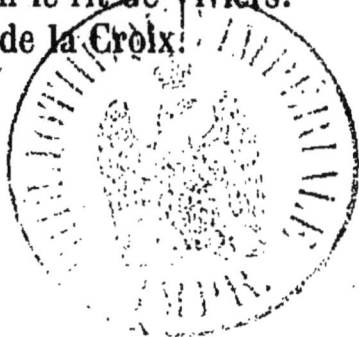

FIN DE LA TABLE.

ISLE — IMP. ARDANT FRÈRES.

www.ingramcontent.com/pod-product-compliance
Lightning Source LLC
Chambersburg PA
CBHW072051080426

42733CB00010B/2076